संगीत और भारतीय दर्शन

उपनिषद, वेद, और पुराणों का योगदान

लेखक: तरुण गौड़

समर्पण

यह पुस्तक
मेरे पूज्य पिता एवं गुरु
श्री चंद्रशेखर गौड़ जी
को सादर समर्पित है।

जिन्होंने मुझे संगीत और दर्शन दोनों की शिक्षा दी और जीवन के सत्य से परिचित कराया,
संगीत की मेरी यात्रा में आपके मार्गदर्शन, आशीर्वाद और प्रेरणा की अमूल्य भूमिका रही है।
आपका धैर्य, अनुशासन और ज्ञान हमेशा मेरे लिए दीपस्तंभ रहा है।

इस पुस्तक का प्रत्येक शब्द
आपके प्रति मेरी कृतज्ञता का एक छोटा-सा प्रतीक है।

लेखक परिचय

तरुण गौड़

एक संवेदनशील साहित्यकार और समर्पित संगीत साधका

पिछले *15* वर्षों से भारतीय शास्त्रीय संगीत के गूढ़ पक्षों पर निरंतर शोध कर रहे हैं

इनकी लेखनी में ज्ञान, अनुभव और भावनाओं की सहज अभिव्यक्ति दिखाई देती है

शब्दों के माध्यम से संगीत की आत्मा को स्पर्श करना इनका उद्देश्य है,

"संगीत और भारतीय दर्शन: उपनिषद, वेद, और पुराणों का योगदान" उनकी नवीनतम कृति है,

जिसमें उन्होंने भारतीय शास्त्रीय संगीत के दार्शनिक और आध्यात्मिक पहलुओं पर विस्तार से प्रकाश डाला है

और यह पुस्तक उसी प्रयास की एक झलक है

प्राक्कथन

प्रिय पाठकों,

"संगीत और भारतीय दर्शन: उपनिषद, वेद, और पुराणों का योगदान" पुस्तक के माध्यम से आप सभी से संवाद करते हुए मुझे अत्यंत हर्ष का अनुभव हो रहा है। यह पुस्तक मेरे जीवन के दो महत्वपूर्ण पहलुओं - भारतीय शास्त्रीय संगीत और भारतीय दर्शन - के बीच के गहरे संबंधों की खोज का परिणाम है।

भारतीय संस्कृति में संगीत को कभी भी मात्र मनोरंजन का साधन नहीं माना गया है। प्राचीन काल से ही संगीत को आत्म-साक्षात्कार और मोक्ष प्राप्ति का एक माध्यम माना जाता रहा है। वेदों, उपनिषदों और पुराणों में संगीत के महत्व और उसके दार्शनिक पहलुओं का विस्तृत वर्णन मिलता है। इस पुस्तक में मैंने इन्हीं प्राचीन ग्रंथों में निहित संगीत संबंधी ज्ञान को समझने और उसे सरल भाषा में प्रस्तुत करने का प्रयास किया है।

इस पुस्तक में मैंने विशेष रूप से हिंदुस्तानी शास्त्रीय संगीत पर ध्यान केंद्रित किया है, क्योंकि यह परंपरा वैदिक काल से लेकर आज तक अनवरत रूप से विकसित होती रही है। पुस्तक में मूल संस्कृत श्लोकों के साथ-साथ उनके हिंदी अनुवाद भी दिए गए हैं, ताकि पाठक प्राचीन ज्ञान के मूल स्रोत से भी परिचित हो सकें।

मैं अपने पिता और गुरु श्री चंद्रशेखर गौड़ का हृदय से आभारी हूँ, जिन्होंने मुझे संगीत और दर्शन दोनों की शिक्षा दी और जीवन के सत्य से परिचित कराया। मैं अपने सभी गुरुजनों, विद्वानों और संगीतज्ञों का भी आभार व्यक्त करता हूँ, जिनके ज्ञान और मार्गदर्शन से मैं इस पुस्तक को लिखने में सफल हो पाया।

मुझे आशा है कि यह पुस्तक आपको भारतीय संगीत के दार्शनिक और आध्यात्मिक पहलुओं को समझने में सहायक होगी और आपके संगीत साधना के मार्ग को प्रशस्त करेगी।

सादर,

तरुण गौड़

विषय-सूची

Table of Contents

अध्याय 1: भारतीय दर्शन और संगीत का परस्पर संबंध

प्रस्तावना

भारतीय संस्कृति के दो महत्वपूर्ण स्तंभ हैं - दर्शन और संगीत। इन दोनों का संबंध अत्यंत प्राचीन और गहरा है। भारतीय दर्शन जहाँ जीवन के अंतिम लक्ष्य और सत्य की खोज करता है, वहीं संगीत उस खोज का एक माध्यम बनकर मनुष्य को आत्मानुभूति की ओर ले जाता है। भारतीय परंपरा में संगीत कभी भी केवल मनोरंजन का साधन नहीं रहा, बल्कि यह आध्यात्मिक उन्नति और मोक्ष प्राप्ति का एक सशक्त माध्यम रहा है। इस अध्याय में हम भारतीय दर्शन और संगीत के अंतर्संबंधों का विस्तृत अध्ययन करेंगे और समझेंगे कि कैसे ये दोनों एक-दूसरे के पूरक हैं।

भारतीय दर्शन की विशालता और गहराई अद्वितीय है। वेदों से लेकर उपनिषदों, पुराणों और अन्य शास्त्रीय ग्रंथों तक, भारतीय दार्शनिक चिंतन ने मानव जीवन के हर पहलू को छुआ है। इसी प्रकार, भारतीय संगीत भी अपनी विविधता, जटिलता और आध्यात्मिक गहराई के लिए विश्व भर में प्रसिद्ध है। दोनों का मिलन एक ऐसा संगम बनाता है जो मनुष्य को बाहरी जगत से आंतरिक जगत की यात्रा पर ले जाता है।

भारतीय दर्शन का संक्षिप्त परिचय

भारतीय दर्शन की परंपरा विश्व की प्राचीनतम दार्शनिक परंपराओं में से एक है। इसका इतिहास लगभग 5000 वर्ष पुराना है। भारतीय दर्शन को मुख्यतः दो भागों में विभाजित किया जा सकता है - आस्तिक दर्शन और नास्तिक दर्शन। आस्तिक दर्शन वेदों को प्रमाण मानते हैं, जबकि नास्तिक दर्शन वेदों के प्रामाण्य को स्वीकार नहीं करते।

आस्तिक दर्शन में छह प्रमुख दर्शन शामिल हैं - न्याय, वैशेषिक, सांख्य, योग, मीमांसा और वेदांत। इन सभी दर्शनों का अपना विशिष्ट दृष्टिकोण है, लेकिन सभी का अंतिम लक्ष्य एक ही है - मोक्ष या आत्मा की मुक्ति। नास्तिक दर्शनों में बौद्ध, जैन और चार्वाक दर्शन प्रमुख हैं।

भारतीय दर्शन का मूल सिद्धांत है - "सत्यम् शिवम् सुंदरम्" अर्थात् सत्य, शिव (कल्याण) और सुंदर। यह त्रिवेणी भारतीय संस्कृति और दर्शन का आधार है। भारतीय दर्शन में ब्रह्म, आत्मा, माया, कर्म, पुनर्जन्म, मोक्ष जैसी अवधारणाएँ केंद्रीय स्थान रखती हैं।

वेदांत दर्शन, जो उपनिषदों पर आधारित है, भारतीय दर्शन का सर्वाधिक प्रभावशाली स्कूल है। इसके अनुसार, ब्रह्म ही एकमात्र सत्य है और यह जगत माया है। आत्मा और ब्रह्म एक ही हैं - "अहं ब्रह्मास्मि" (मैं ब्रह्म हूँ) और "तत्त्वमसि" (वह तू है)। वेदांत के अनुसार, मोक्ष का अर्थ है आत्मा का ब्रह्म के साथ एकाकार हो जाना।

भारतीय संगीत का संक्षिप्त परिचय

भारतीय संगीत की परंपरा भी उतनी ही प्राचीन है जितनी भारतीय दर्शन की। इसका उल्लेख सबसे पहले सामवेद में मिलता है, जिसे संगीत का प्रथम ग्रंथ माना जाता है। भारतीय संगीत को मुख्यतः दो शैलियों में विभाजित किया जाता है - हिंदुस्तानी संगीत और कर्नाटक संगीत। हिंदुस्तानी संगीत उत्तर भारत में प्रचलित है, जबकि कर्नाटक संगीत दक्षिण भारत में।

भारतीय संगीत की मूल अवधारणाएँ हैं - नाद, श्रुति, स्वर, राग और ताल। नाद का अर्थ है ध्वनि, जिसे ब्रह्म का प्रतीक माना जाता है। श्रुति सूक्ष्म ध्वनि अंतराल हैं, जिनकी संख्या 22 मानी जाती है। स्वर संगीत के मूल तत्व हैं, जिनकी संख्या 7 है - षड्ज (सा), ऋषभ (रे), गांधार (ग), मध्यम (म), पंचम (प), धैवत (ध) और निषाद (नि)। राग स्वरों का एक विशिष्ट क्रम है जो एक विशेष भाव या रस उत्पन्न करता है। ताल लय का माप है, जो संगीत को एक निश्चित गति प्रदान करता है।

भारतीय संगीत की एक विशेषता यह है कि यह अलंकारिक और भावपूर्ण होता है। इसमें आलाप, तान, मींड, गमक, कण, मुर्की जैसे अलंकारों का प्रयोग किया जाता है, जो संगीत को सौंदर्य और भाव प्रदान करते हैं। भारतीय संगीत में भाव या रस का विशेष महत्व है। प्रत्येक राग एक विशिष्ट भाव या रस उत्पन्न करता है, जैसे - श्रृंगार, वीर, करुण, रौद्र, हास्य, भयानक, बीभत्स, अद्भुत और शांत।

नाद ब्रह्म की अवधारणा

भारतीय दर्शन और संगीत के बीच सबसे महत्वपूर्ण कड़ी है "नाद ब्रह्म" की अवधारणा। नाद का अर्थ है ध्वनि और ब्रह्म का अर्थ है परम सत्य या परमात्मा। नाद ब्रह्म का अर्थ है ध्वनि रूपी ब्रह्म या ध्वनि के माध्यम से ब्रह्म की अनुभूति।

उपनिषदों में नाद ब्रह्म की अवधारणा का विस्तृत वर्णन मिलता है। नादबिंदु उपनिषद के अनुसार, "नादो बिंदुकलातीतः नादो बिंदुकलात्मकः। नादो अनाहतो ज्ञेयः स ब्रह्म परमं पदम्।" अर्थात्, नाद बिंदु और कला से परे है, नाद बिंदु और कला का स्वरूप है। नाद अनाहत (बिना किसी आघात के उत्पन्न) जानना चाहिए, वही ब्रह्म है, वही परम पद है।

नाद को दो प्रकार का माना गया है - आहत नाद और अनाहत नाद। आहत नाद वह है जो किसी आघात या टकराव से उत्पन्न होता है, जैसे वाद्य यंत्रों से निकलने वाली ध्वनि। अनाहत नाद वह है जो बिना किसी आघात के स्वतः उत्पन्न होता है। यह आंतरिक ध्वनि है जो योग साधना के माध्यम से सुनी जा सकती है। अनाहत नाद को ब्रह्म का प्रतीक माना जाता है।

संगीत शास्त्र के अनुसार, नाद ही संगीत का मूल है। मतंग मुनि की "बृहद्देशी" में कहा गया है - "नादाधीनं जगत् सर्वम्" अर्थात्, सारा जगत नाद के अधीन है। संगीत के माध्यम से नाद की उपासना करके साधक अनाहत नाद की अनुभूति कर सकता है, जो उसे ब्रह्म के साथ एकाकार होने में सहायता करती है।

ओंकार और संगीत

भारतीय दर्शन में ओंकार (ॐ) को परम ब्रह्म का प्रतीक माना जाता है। मांडूक्य उपनिषद के अनुसार, "ओमित्येतदक्षरमिदं सर्वम्" अर्थात्, यह ओंकार अक्षर ही यह सब कुछ है। ओंकार को नाद ब्रह्म का प्रथम और सर्वोच्च रूप माना जाता है।

ओंकार तीन अक्षरों - अ, उ और म से बना है, जो क्रमशः ब्रह्मा, विष्णु और महेश का प्रतीक हैं। ये तीनों मिलकर सृष्टि, स्थिति और लय का प्रतिनिधित्व करते हैं। संगीत में भी ये तीन तत्व महत्वपूर्ण हैं - उत्पत्ति (स्वर की उत्पत्ति), स्थिति (स्वर की स्थिरता) और लय (स्वर का विलय)।

ओंकार का उच्चारण करते समय जो ध्वनि उत्पन्न होती है, वह संगीत के मूल स्वर षड्ज (सा) के समान होती है। इसलिए षड्ज को नाद ब्रह्म का प्रथम प्रकटीकरण माना जाता है। संगीत शास्त्र के अनुसार, सभी स्वर षड्ज से ही उत्पन्न होते हैं और अंततः उसी में विलीन हो जाते हैं, जैसे सभी जीव ब्रह्म से उत्पन्न होते हैं और अंततः उसी में विलीन हो जाते हैं।

संगीत और योग

भारतीय दर्शन में योग का विशेष महत्व है। पतंजलि के योगसूत्र के अनुसार, "योगश्चित्तवृत्तिनिरोधः" अर्थात्, चित्त की वृत्तियों का निरोध ही योग है। योग का अंतिम लक्ष्य है समाधि, जिसमें साधक का चित्त पूर्णतया शांत होकर ब्रह्म के साथ एकाकार हो जाता है।

संगीत योग का एक प्रभावशाली माध्यम है। संगीत के माध्यम से साधक अपने चित्त को एकाग्र कर सकता है और अनाहत नाद की अनुभूति कर सकता है। नाद योग, जो संगीत और योग का संगम है, साधक को आत्मानुभूति की ओर ले जाता है।

नाद योग में साधक पहले आहत नाद (बाहरी ध्वनि) पर ध्यान केंद्रित करता है, फिर धीरे-धीरे अनाहत नाद (आंतरिक ध्वनि) की ओर बढ़ता है। अनाहत नाद की अनुभूति

होने पर साधक का चित्त पूर्णतया शांत हो जाता है और वह समाधि की अवस्था को प्राप्त करता है।

हठयोग प्रदीपिका में कहा गया है - "आदौ नादानुसंधानं मध्ये नादानुसंधानम्। अंते नादानुसंधानं नादे नादलयं कुरु।" अर्थात्, प्रारंभ में नाद का अनुसंधान करो, मध्य में नाद का अनुसंधान करो, अंत में नाद का अनुसंधान करो और नाद में ही लय हो जाओ।

राग और रस

भारतीय संगीत में राग का विशेष महत्व है। राग स्वरों का एक विशिष्ट क्रम है जो एक विशेष भाव या रस उत्पन्न करता है। भारतीय दर्शन में रस का सिद्धांत भरत मुनि के नाट्यशास्त्र में विस्तार से वर्णित है। रस का अर्थ है आनंद या आस्वाद। भरत मुनि ने नौ रसों का वर्णन किया है - श्रृंगार, वीर, करुण, रौद्र, हास्य, भयानक, बीभत्स, अद्भुत और शांत।

प्रत्येक राग एक विशिष्ट रस उत्पन्न करता है। उदाहरण के लिए, राग भैरव शांत रस, राग दीपक वीर रस, राग मेघ मल्हार करुण रस, राग हिंडोल श्रृंगार रस उत्पन्न करता है। राग के माध्यम से उत्पन्न रस श्रोता के मन में विभिन्न भावों को जगाता है और उसे आनंदानुभूति प्रदान करता है।

अभिनवगुप्त के अनुसार, रसानुभूति ब्रह्मानंद सहोदर है, अर्थात् रस का आनंद ब्रह्मानंद के समान है। जब श्रोता राग के माध्यम से रस का आस्वाद लेता है, तो वह क्षणिक रूप से अपने अहं को भूलकर आनंद की अनुभूति करता है, जो ब्रह्मानंद के समान है।

संगीत और ध्यान

भारतीय दर्शन में ध्यान का विशेष महत्व है। ध्यान का अर्थ है चित्त को एक विषय पर एकाग्र करना। ध्यान के माध्यम से साधक अपने चित्त को शांत करता है और आत्मानुभूति की ओर बढ़ता है।

संगीत ध्यान का एक प्रभावशाली माध्यम है। संगीत के माध्यम से साधक अपने चित्त को एकाग्र कर सकता है और गहरे ध्यान की अवस्था को प्राप्त कर सकता है। विशेष रूप से, शास्त्रीय संगीत के राग, जैसे भैरव, तोड़ी, भूपाली, आदि, ध्यान के लिए अत्यंत उपयोगी हैं।

ध्यान के दौरान संगीत सुनने से मन की वृत्तियाँ शांत होती हैं और चित्त एकाग्र होता है। इससे साधक को अनाहत नाद की अनुभूति होने में सहायता मिलती है। अनाहत नाद की अनुभूति होने पर साधक गहरे ध्यान की अवस्था को प्राप्त करता है और अंततः समाधि की ओर बढ़ता है।

संगीत और मंत्र

भारतीय दर्शन में मंत्र का विशेष महत्व है। मंत्र शब्द 'मन' (मनन करना) और 'त्र' (त्राण करना) से मिलकर बना है, अर्थात् जो मनन करने से त्राण (रक्षा) करे। मंत्र विशेष ध्वनि तरंगें हैं जो साधक के चित्त को शुद्ध करती हैं और उसे आत्मानुभूति की ओर ले जाती हैं।

संगीत और मंत्र का गहरा संबंध है। मंत्रों का उच्चारण एक विशिष्ट स्वर और लय में किया जाता है, जो उन्हें संगीतमय बनाता है। वेदों के मंत्रों को गाने की विशेष पद्धति है, जिसे सामगान कहा जाता है। सामगान वैदिक संगीत का प्राचीनतम रूप है।

मंत्रों के उच्चारण से उत्पन्न ध्वनि तरंगें शरीर और मन पर गहरा प्रभाव डालती हैं। वे शरीर के विभिन्न चक्रों को जागृत करती हैं और प्राण ऊर्जा को ऊपर की ओर ले जाती हैं। इससे साधक को कुंडलिनी जागरण और आत्मानुभूति में सहायता मिलती है।

संगीत और आयुर्वेद

भारतीय दर्शन में आयुर्वेद का विशेष स्थान है। आयुर्वेद जीवन का विज्ञान है, जो शरीर, मन और आत्मा के स्वास्थ्य पर केंद्रित है। आयुर्वेद के अनुसार, स्वास्थ्य वात, पित्त और कफ - तीन दोषों के संतुलन पर निर्भर करता है।

संगीत और आयुर्वेद का गहरा संबंध है। आयुर्वेद के अनुसार, संगीत शरीर और मन के स्वास्थ्य पर गहरा प्रभाव डालता है। विभिन्न राग विभिन्न दोषों को संतुलित करने में सहायक होते हैं। उदाहरण के लिए, राग भैरव वात दोष को, राग मालकौंस पित्त दोष को और राग हिंडोल कफ दोष को संतुलित करता है।

संगीत चिकित्सा, जो आयुर्वेद का एक अंग है, संगीत के माध्यम से विभिन्न रोगों का उपचार करती है। विभिन्न रागों को विभिन्न समय पर सुनने से शरीर और मन पर विशेष प्रभाव पड़ता है, जो स्वास्थ्य लाभ में सहायक होता है।

संगीत और समय चक्र

भारतीय संगीत में समय चक्र का विशेष महत्व है। प्रत्येक राग का एक निश्चित समय होता है, जिसे राग का वाद्य समय कहा जाता है। यह समय चक्र प्रकृति के चक्र के अनुरूप है और भारतीय दर्शन के काल चक्र की अवधारणा से जुड़ा है।

दिन के 24 घंटों को आठ प्रहरों में विभाजित किया गया है, प्रत्येक प्रहर तीन घंटे का होता है। प्रत्येक प्रहर के लिए विशेष राग निर्धारित हैं। उदाहरण के लिए, प्रातःकाल (सुबह 4-7 बजे) के लिए राग भैरव, भाती, तोड़ी; दोपहर (12-3 बजे) के लिए राग सारंग, भीमपलासी; संध्या (शाम 4-7 बजे) के लिए राग पूरिया, मारवा; और रात्रि (रात 10-1 बजे) के लिए राग दरबारी, जौनपुरी निर्धारित हैं।

राग का समय चक्र प्रकृति के चक्र के अनुरूप है और इसका मानव शरीर और मन पर गहरा प्रभाव पड़ता है। निर्धारित समय पर राग सुनने से शरीर और मन पर अधिकतम प्रभाव पड़ता है, जो स्वास्थ्य और आध्यात्मिक उन्नति में सहायक होता है।

संगीत और सौंदर्यशास्त्र

भारतीय दर्शन में सौंदर्यशास्त्र का विशेष स्थान है। सौंदर्यशास्त्र सौंदर्य के सिद्धांतों का अध्ययन है, जो कला, संगीत, साहित्य आदि में सौंदर्य की अनुभूति पर केंद्रित है।

भारतीय सौंदर्यशास्त्र के अनुसार, सौंदर्य की अनुभूति आनंद की अनुभूति है, जो ब्रह्मानंद के समान है। जब कलाकार या श्रोता कला या संगीत के माध्यम से सौंदर्य का आस्वाद लेता है, तो वह क्षणिक रूप से अपने अहं को भूलकर आनंद की अनुभूति करता है, जो ब्रह्मानंद के समान है।

संगीत में सौंदर्य की अनुभूति राग, ताल, लय, अलंकार आदि के माध्यम से होती है। राग का सौंदर्य उसके स्वरों के विशिष्ट क्रम और उनके आरोह-अवरोह में निहित है। ताल और लय संगीत को गति और प्रवाह प्रदान करते हैं, जबकि अलंकार संगीत को सजाते हैं और उसे सौंदर्य प्रदान करते हैं।

संगीत और अध्यात्म

भारतीय दर्शन में अध्यात्म का विशेष महत्व है। अध्यात्म आत्मा के अध्ययन और अनुभव पर केंद्रित है, जिसका अंतिम लक्ष्य है आत्मा का परमात्मा के साथ मिलन या मोक्ष।

संगीत अध्यात्म का एक प्रभावशाली माध्यम है। संगीत के माध्यम से साधक अपने चित्त को शुद्ध और एकाग्र कर सकता है और आत्मानुभूति की ओर बढ़ सकता है। विशेष रूप से, भक्ति संगीत, जैसे भजन, कीर्तन, आदि, भक्ति भाव जगाते हैं और साधक को भगवान के प्रति समर्पण भाव में ले जाते हैं।

संगीत साधना, जो संगीत के माध्यम से आध्यात्मिक साधना है, साधक को अनाहत नाद की अनुभूति कराती है और उसे समाधि की अवस्था की ओर ले जाती है। अनाहत नाद की अनुभूति होने पर साधक का चित्त पूर्णतया शांत हो जाता है और वह आत्मानंद की अनुभूति करता है।

निष्कर्ष

भारतीय दर्शन और संगीत का संबंध अत्यंत गहरा और अटूट है। दोनों का अंतिम लक्ष्य एक ही है - आत्मानुभूति या मोक्ष। संगीत भारतीय दर्शन के सिद्धांतों को व्यावहारिक रूप प्रदान करता है और साधक को आत्मानुभूति की ओर ले जाने में सहायता करता है।

नाद ब्रह्म की अवधारणा, जो भारतीय दर्शन और संगीत का मिलन बिंदु है, साधक को ध्वनि के माध्यम से ब्रह्म की अनुभूति कराती है। संगीत योग, नाद योग, मंत्र योग आदि साधक को आत्मानुभूति की ओर ले जाने के प्रभावशाली माध्यम हैं।

राग और रस का सिद्धांत, जो भारतीय संगीत का आधार है, साधक को विभिन्न भावों की अनुभूति कराता है और उसे आनंदानुभूति प्रदान करता है, जो ब्रह्मानंद के समान है। संगीत का समय चक्र, जो प्रकृति के चक्र के अनुरूप है, साधक को प्रकृति के साथ तालमेल बिठाने में सहायता करता है।

संगीत और आयुर्वेद का संबंध, जो शरीर, मन और आत्मा के स्वास्थ्य पर केंद्रित है, साधक को समग्र स्वास्थ्य प्रदान करता है, जो आध्यात्मिक उन्नति के लिए आवश्यक है। संगीत और सौंदर्यशास्त्र का संबंध साधक को सौंदर्य की अनुभूति कराता है, जो आनंद की अनुभूति है और ब्रह्मानंद के समान है।

अंत में, यह कहा जा सकता है कि भारतीय दर्शन और संगीत एक-दूसरे के पूरक हैं और दोनों का संयुक्त अध्ययन और अभ्यास साधक को आत्मानुभूति की ओर ले जाने में अत्यंत सहायक है। जैसा कि संगीत शास्त्र में कहा गया है - "नादेन व्योम आप्नोति, नादेन विष्णुमाप्नुयात्" अर्थात्, नाद के द्वारा आकाश (अनंत) को प्राप्त किया जा सकता है, नाद के द्वारा विष्णु (परमात्मा) को प्राप्त किया जा सकता है।

अध्याय 2: वेदों में संगीत के संकेत

प्रस्तावना

भारतीय संगीत का इतिहास अत्यंत प्राचीन है और इसकी जड़ें वैदिक काल तक फैली हुई हैं। वेद भारतीय ज्ञान और संस्कृति के प्राचीनतम स्रोत हैं, जिनमें संगीत के प्रारंभिक रूप और सिद्धांतों का उल्लेख मिलता है। वेदों में संगीत न केवल मनोरंजन का साधन था, बल्कि यह आध्यात्मिक अनुभूति और दिव्य ज्ञान प्राप्ति का माध्यम भी था। इस अध्याय में हम वेदों में संगीत के विभिन्न संकेतों और उनके महत्व का विस्तृत अध्ययन करेंगे।

वेदों में संगीत का सर्वाधिक महत्वपूर्ण स्थान सामवेद में है, जिसे संगीत का प्रथम ग्रंथ माना जाता है। सामवेद में ऋग्वेद के मंत्रों को संगीतबद्ध रूप में प्रस्तुत किया गया है। इसके अतिरिक्त, अन्य वेदों - ऋग्वेद, यजुर्वेद और अथर्ववेद में भी संगीत संबंधी अनेक संकेत मिलते हैं। वेदों में वर्णित संगीत के सिद्धांत और प्रथाएँ आज भी भारतीय शास्त्रीय संगीत, विशेषकर हिंदुस्तानी संगीत का आधार हैं।

वेदों का संक्षिप्त परिचय

वेद भारतीय ज्ञान और संस्कृति के प्राचीनतम स्रोत हैं, जिनकी रचना लगभग 1500-500 ईसा पूर्व के मध्य हुई मानी जाती है। वेद शब्द संस्कृत के 'विद्' धातु से बना है, जिसका अर्थ है 'जानना'। वेदों को अपौरुषेय माना जाता है, अर्थात् इनकी रचना किसी मनुष्य द्वारा नहीं, बल्कि ऋषियों द्वारा दिव्य ज्ञान के रूप में प्राप्त किया गया था।

वेद चार हैं - ऋग्वेद, यजुर्वेद, सामवेद और अथर्ववेद। ऋग्वेद सबसे प्राचीन वेद है, जिसमें देवताओं की स्तुति के मंत्र हैं। यजुर्वेद में यज्ञ विधि से संबंधित मंत्र हैं। सामवेद में ऋग्वेद के मंत्रों को संगीतबद्ध रूप में प्रस्तुत किया गया है। अथर्ववेद में जीवन के विभिन्न पहलुओं से संबंधित मंत्र हैं।

प्रत्येक वेद के चार भाग हैं - संहिता, ब्राह्मण, आरण्यक और उपनिषद। संहिता में मंत्र संग्रह है, ब्राह्मण में यज्ञ विधि का विस्तृत वर्णन है, आरण्यक में वन में रहकर की जाने वाली साधना का वर्णन है, और उपनिषद में दार्शनिक विचार हैं।

सामवेद और संगीत

सामवेद को भारतीय संगीत का प्रथम ग्रंथ माना जाता है। सामवेद में ऋग्वेद के मंत्रों को संगीतबद्ध रूप में प्रस्तुत किया गया है। 'साम' शब्द का अर्थ है 'गान' या 'संगीत'। सामवेद के मंत्रों को गाने की विशेष पद्धति है, जिसे सामगान कहा जाता है।

सामवेद में 1875 मंत्र हैं, जिनमें से अधिकांश ऋग्वेद से लिए गए हैं। इन मंत्रों को विशेष स्वर और लय में गाया जाता है। सामवेद में सात स्वरों का उल्लेख मिलता है, जिन्हें क्रमशः प्रथम, द्वितीय, तृतीय, चतुर्थ, पंचम, षष्ठ और सप्तम कहा गया है। ये स्वर आधुनिक भारतीय संगीत के सात स्वरों - षड्ज (सा), ऋषभ (रे), गांधार (ग), मध्यम (म), पंचम (प), धैवत (ध) और निषाद (नि) के समान हैं।

सामवेद में तीन प्रकार के गान का उल्लेख मिलता है - ग्रामगेय गान, आरण्यक गान और ऊह गान। ग्रामगेय गान ग्राम या बस्ती में गाए जाते थे, आरण्यक गान वन में गाए जाते थे, और ऊह गान विशेष अवसरों पर गाए जाते थे।

सामगान की विशेषताएँ

सामगान वैदिक संगीत का प्राचीनतम रूप है, जिसमें सामवेद के मंत्रों को विशेष स्वर और लय में गाया जाता है। सामगान की कुछ प्रमुख विशेषताएँ निम्नलिखित हैं:

1. स्वर और लय: सामगान में सात स्वरों का प्रयोग किया जाता है, जिन्हें क्रमशः प्रथम, द्वितीय, तृतीय, चतुर्थ, पंचम, षष्ठ और सप्तम कहा गया है। इन स्वरों को विशेष लय में गाया जाता है।

2. स्तोभ अक्षर: सामगान में 'स्तोभ अक्षर' का प्रयोग किया जाता है, जो मूल मंत्र का हिस्सा नहीं होते, बल्कि गायन को सुंदर और प्रभावशाली बनाने के लिए जोड़े जाते हैं। ये स्तोभ अक्षर 'हाउ', 'हाई', 'हुवा', 'होई' आदि हैं।

3. गायन पद्धति: सामगान की विशेष गायन पद्धति है, जिसमें मंत्र को पाँच भागों में विभाजित किया जाता है - प्रस्ताव, उद्गीथ, प्रतिहार, उपद्रव और निधन। प्रस्ताव प्रारंभिक भाग है, उद्गीथ मध्य भाग है, प्रतिहार और उपद्रव क्रमशः तीसरा और चौथा भाग हैं, और निधन अंतिम भाग है।

4. उदात्त, अनुदात्त और स्वरित स्वर: सामगान में तीन प्रकार के स्वरों का प्रयोग किया जाता है - उदात्त (ऊँचा स्वर), अनुदात्त (नीचा स्वर) और स्वरित (मध्य स्वर)। ये स्वर मंत्र के अर्थ और भाव को प्रभावशाली ढंग से व्यक्त करने में सहायक होते हैं।

5. गायन का उद्देश्य: सामगान का मुख्य उद्देश्य यज्ञ के दौरान देवताओं को प्रसन्न करना और उनका आशीर्वाद प्राप्त करना था। इसके अतिरिक्त, सामगान के माध्यम से साधक आत्मानुभूति और दिव्य ज्ञान प्राप्त कर सकता था।

सामवेद में संगीत संबंधी श्लोक

सामवेद में अनेक श्लोक हैं जो संगीत के महत्व और उसके प्रभाव को दर्शाते हैं। कुछ प्रमुख श्लोक निम्नलिखित हैं:

"ऋचो अक्षरे परमे व्योमन् यस्मिन् देवा अधि विश्वे निषेदुः।
यस्तन्न वेद किमृचा करिष्यति य इत्तद्विदुस्त इमे समासते॥"

अनुवाद: ऋचाएँ (मंत्र) परम आकाश में स्थित अक्षर (ब्रह्म) में हैं, जिसमें सभी देवता निवास करते हैं। जो इसे नहीं जानता, वह ऋचाओं से क्या करेगा? जो इसे जानते हैं, वे यहाँ एकत्र हैं।

"उद्गीथमेव प्रतिष्ठोपासीत। प्राणो वा उद्गीथः प्राणं वा उद्गायति।"

अनुवाद: उद्गीथ (सामगान का मध्य भाग) की उपासना करनी चाहिए। प्राण ही उद्गीथ है, क्योंकि प्राण ही उद्गान (ऊँचा गान) करता है।

"यथा शङ्कुना सर्वाणि पर्णानि संतृण्णानि एवमोंकारेण सर्वा वाक्
संतृण्णा ओंकार एवेदं सर्वम्"

अनुवाद: जैसे सुई से सभी पत्ते पिरोए जाते हैं, वैसे ही ओंकार से सभी वाणी पिरोई जाती है। यह ओंकार ही सब कुछ है।

ऋग्वेद में संगीत के संकेत

ऋग्वेद भारतीय वाङ्मय का प्राचीनतम ग्रंथ है, जिसमें संगीत के अनेक संकेत मिलते हैं। ऋग्वेद में विभिन्न देवताओं की स्तुति के मंत्र हैं, जिन्हें विशेष छंद और लय में गाया जाता था।

ऋग्वेद में अनेक वाद्य यंत्रों का उल्लेख मिलता है, जैसे - वीणा, दुंदुभि, वाण, तूणव, नाड़ी, गर्गर आदि। इन वाद्य यंत्रों का प्रयोग यज्ञ और अन्य धार्मिक अनुष्ठानों में किया जाता था।

ऋग्वेद के दसवें मंडल के 75वें सूक्त में नदियों के संगीत का सुंदर वर्णन मिलता है, जिसे 'नदी सूक्त' कहा जाता है। इस सूक्त में नदियों के प्रवाह को संगीत के रूप में वर्णित किया गया है।

ऋग्वेद में गंधर्वों और अप्सराओं का भी उल्लेख मिलता है, जिन्हें संगीत और नृत्य का देवता माना जाता था। गंधर्व स्वर्ग के संगीतकार थे, जबकि अप्सराएँ स्वर्ग की नर्तकियाँ थीं।

ऋग्वेद में संगीत संबंधी श्लोक

ऋग्वेद में अनेक श्लोक हैं जो संगीत के महत्व और उसके प्रभाव को दर्शाते हैं। कुछ प्रमुख श्लोक निम्नलिखित हैं:

"गायत्रेण प्रति मिमीते अर्कमर्केण साम त्रैष्टुभेन वाकम्।

वाकेन वाकं द्विपदा चतुष्पदाक्षरेण मिमते सप्त वाणीः॥"

अनुवाद: गायत्री छंद से अर्क (सूर्य) की स्तुति की जाती है, अर्क से साम (संगीत), त्रिष्टुभ छंद से वाक् (वाणी), वाक् से वाक्, द्विपदा से चतुष्पदा, और अक्षर से सात वाणियों को मापा जाता है।

"इमा गिरः सोमपाः सोमवृद्धा इन्द्रं गिरो मदिरा मत्सरासः।

अर्वाचीनं रयिमा वहन्तीरिन्द्रं गिरो वृषणं वन्दमानाः॥"

अनुवाद: ये स्तुतियाँ, सोम पीने वाले, सोम से वृद्धि पाने वाले इंद्र के लिए हैं। ये मदिरा (मादक) और आनंददायक स्तुतियाँ धन लाती हैं, इंद्र की, वृषण (शक्तिशाली) की वंदना करती हुई।

"अग्निमीळे पुरोहितं यज्ञस्य देवमृत्विजम्। होतारं रत्नधातमम्॥"

अनुवाद: मैं अग्नि की स्तुति करता हूँ, जो यज्ञ के पुरोहित, देव, ऋत्विज, होता और रत्नों के धारक हैं।

यजुर्वेद में संगीत के संकेत

यजुर्वेद में यज्ञ विधि से संबंधित मंत्र हैं, जिनमें संगीत के अनेक संकेत मिलते हैं। यजुर्वेद के मंत्रों को विशेष स्वर और लय में उच्चारित किया जाता था, जिससे यज्ञ की प्रभावशीलता बढ़ जाती थी।

यजुर्वेद में अनेक वाद्य यंत्रों का उल्लेख मिलता है, जैसे - वीणा, दुंदुभि, भेरी, शंख आदि। इन वाद्य यंत्रों का प्रयोग यज्ञ के दौरान किया जाता था।

यजुर्वेद में संगीत के माध्यम से देवताओं को प्रसन्न करने का वर्णन मिलता है। विशेष रूप से, इंद्र, वरुण, अग्नि आदि देवताओं की स्तुति के लिए विशेष मंत्रों का उच्चारण किया जाता था।

यजुर्वेद में 'वाजपेय यज्ञ' का वर्णन मिलता है, जिसमें संगीत का विशेष महत्व था। इस यज्ञ के दौरान विशेष मंत्रों का उच्चारण और वाद्य यंत्रों का वादन किया जाता था।

यजुर्वेद में संगीत संबंधी श्लोक

यजुर्वेद में अनेक श्लोक हैं जो संगीत के महत्व और उसके प्रभाव को दर्शाते हैं। कुछ प्रमुख श्लोक निम्नलिखित हैं:

"ओं भूर्भुवः स्वः तत्सवितुर्वरेण्यं भर्गो देवस्य धीमहि धियो यो नः प्रचोदयात्।"

अनुवाद: ओम् भूः, भुवः, स्वः। हम उस वरेण्य (श्रेष्ठ) सविता देव के भर्ग (तेज) का ध्यान करते हैं, जो हमारी बुद्धि को प्रेरित करें।

"अग्निर्मूर्धा दिवः ककुत्पतिः पृथिव्या अयम् अपां रेतांसि जिन्वति।"

अनुवाद: अग्नि स्वर्ग के शिखर के स्वामी हैं और पृथ्वी के पति हैं। वे जल के बीजों को प्रेरित करते हैं।

"इषे त्वोर्जे त्वा वायव स्थ उपायव स्थ देवो वः सविता प्रार्पयतु श्रेष्ठतमाय कर्मणे।"

अनुवाद: हे अन्न और ऊर्जा, तुम वायु हो, तुम उपवायु हो। देव सविता तुम्हें श्रेष्ठतम कर्म के लिए प्रेरित करें।

अथर्ववेद में संगीत के संकेत

अथर्ववेद में जीवन के विभिन्न पहलुओं से संबंधित मंत्र हैं, जिनमें संगीत के अनेक संकेत मिलते हैं। अथर्ववेद के मंत्रों का प्रयोग विभिन्न रोगों के उपचार, शत्रुओं से रक्षा, समृद्धि प्राप्ति आदि के लिए किया जाता था।

अथर्ववेद में संगीत चिकित्सा का उल्लेख मिलता है, जिसमें विशेष मंत्रों के उच्चारण और वाद्य यंत्रों के वादन से रोगों का उपचार किया जाता था विशेष रूप से, मानसिक रोगों के उपचार में संगीत का प्रयोग किया जाता था

अथर्ववेद में अनेक वाद्य यंत्रों का उल्लेख मिलता है, जैसे - वीणा, दुंदुभि, भेरी, शंख आदि इन वाद्य यंत्रों का प्रयोग विभिन्न अनुष्ठानों और उपचारों में किया जाता था

अथर्ववेद में 'गंधर्व विद्या' का उल्लेख मिलता है, जो संगीत और नृत्य का विज्ञान था गंधर्व विद्या के अंतर्गत स्वर, लय, ताल, राग आदि का अध्ययन किया जाता था

अथर्ववेद में संगीत संबंधी श्लोक

अथर्ववेद में अनेक श्लोक हैं जो संगीत के महत्व और उसके प्रभाव को दर्शाते हैं कुछ प्रमुख श्लोक निम्नलिखित हैं:

"यत्ते कृष्णः शकुन आतुतोद पिपीलः सर्प उत विश्ववारः।
अग्निष्ट्जातवेदा अदाहाग्निष्टे निष्क्रवं कृणोतु॥"

अनुवाद: जो काला पक्षी तुम्हें चोंच मारता है, या चींटी, या सर्प, या कोई अन्य जीव, अग्नि जातवेदा उसे जला दे, अग्नि तुम्हें मुक्त करो

"शं नो देवीरभिष्टय आपो भवन्तु पीतयो शं योरभि स्रवन्तु नः॥"

अनुवाद: देवी स्वरूप जल हमारे लिए कल्याणकारी हों, पीने के लिए हों। वे हमारे लिए कल्याण और सुख के साथ बहें।

"यथेमां वाचं कल्याणीमावदानि जनेभ्यः। ब्रह्मराजन्याभ्यां शूद्राय चार्याय
च स्वाय चारणाया॥"

अनुवाद: जैसे मैं यह कल्याणकारी वाणी सभी लोगों के लिए बोलता हूँ - ब्राह्मण, क्षत्रिय, शूद्र, आर्य, अपने और पराए के लिए

वैदिक संगीत की विशेषताएँ

वैदिक संगीत भारतीय संगीत का प्राचीनतम रूप है, जिसकी कुछ प्रमुख विशेषताएँ निम्नलिखित हैं:

1. स्वर और लय: वैदिक संगीत में सात स्वरों का प्रयोग किया जाता था, जिन्हें क्रमशः प्रथम, द्वितीय, तृतीय, चतुर्थ, पंचम, षष्ठ और सप्तम कहा गया था। इन स्वरों को विशेष लय में गाया जाता था।

2. उदात्त, अनुदात्त और स्वरित स्वर: वैदिक संगीत में तीन प्रकार के स्वरों का प्रयोग किया जाता था - उदात्त (ऊँचा स्वर), अनुदात्त (नीचा स्वर) और स्वरित (मध्य स्वर)। ये स्वर मंत्र के अर्थ और भाव को प्रभावशाली ढंग से व्यक्त करने में सहायक होते थे।

3. स्तोभ अक्षर: वैदिक संगीत में 'स्तोभ अक्षर' का प्रयोग किया जाता था, जो मूल मंत्र का हिस्सा नहीं होते थे, बल्कि गायन को सुंदर और प्रभावशाली बनाने के लिए जोड़े जाते थे। ये स्तोभ अक्षर 'हाउ', 'हाई', 'हुवा', 'होई' आदि थे।

4. गायन पद्धति: वैदिक संगीत की विशेष गायन पद्धति थी, जिसमें मंत्र को पाँच भागों में विभाजित किया जाता था - प्रस्ताव, उद्गीथ, प्रतिहार, उपद्रव और निधन। प्रस्ताव प्रारंभिक भाग था, उद्गीथ मध्य भाग था, प्रतिहार और उपद्रव क्रमशः तीसरा और चौथा भाग थे, और निधन अंतिम भाग था।

5. वाद्य यंत्र: वैदिक संगीत में अनेक वाद्य यंत्रों का प्रयोग किया जाता था, जैसे - वीणा, दुंदुभि, भेरी, शंख आदि। इन वाद्य यंत्रों का प्रयोग यज्ञ और अन्य धार्मिक अनुष्ठानों में किया जाता था।

6. उद्देश्य: वैदिक संगीत का मुख्य उद्देश्य यज्ञ के दौरान देवताओं को प्रसन्न करना और उनका आशीर्वाद प्राप्त करना था। इसके अतिरिक्त, वैदिक संगीत के माध्यम से साधक आत्मानुभूति और दिव्य ज्ञान प्राप्त कर सकता था।

वैदिक संगीत का हिंदुस्तानी संगीत पर प्रभाव

वैदिक संगीत का हिंदुस्तानी शास्त्रीय संगीत पर गहरा प्रभाव पड़ा है। वैदिक संगीत के अनेक तत्व और सिद्धांत आज भी हिंदुस्तानी संगीत में देखे जा सकते हैं:

1. स्वर: वैदिक संगीत के सात स्वर - प्रथम, द्वितीय, तृतीय, चतुर्थ, पंचम, षष्ठ और सप्तम, हिंदुस्तानी संगीत के सात स्वरों - षड्ज (सा), ऋषभ (रे), गांधार (ग), मध्यम (म), पंचम (प), धैवत (ध) और निषाद (नि) के रूप में विकसित हुए।

2. राग: वैदिक संगीत में विभिन्न देवताओं की स्तुति के लिए विशेष स्वर समूहों का प्रयोग किया जाता था, जो आधुनिक रागों के पूर्वरूप थे। हिंदुस्तानी संगीत में राग का सिद्धांत इन्हीं स्वर समूहों से विकसित हुआ।

3. ताल: वैदिक संगीत में विभिन्न छंदों का प्रयोग किया जाता था, जो आधुनिक तालों के पूर्वरूप थे। हिंदुस्तानी संगीत में ताल का सिद्धांत इन्हीं छंदों से विकसित हुआ।

4. अलंकार: वैदिक संगीत में 'स्तोभ अक्षर' का प्रयोग किया जाता था, जो आधुनिक अलंकारों के पूर्वरूप थे। हिंदुस्तानी संगीत में अलंकारों का प्रयोग इन्हीं स्तोभ अक्षरों से विकसित हुआ।

5. वाद्य यंत्र: वैदिक संगीत में प्रयुक्त वाद्य यंत्र, जैसे - वीणा, दुंदुभि, भेरी, शंख आदि, हिंदुस्तानी संगीत के वाद्य यंत्रों के पूर्वरूप थे। हिंदुस्तानी संगीत में प्रयुक्त अनेक वाद्य यंत्र इन्हीं वैदिक वाद्य यंत्रों से विकसित हुए।

6. आध्यात्मिक उद्देश्य: वैदिक संगीत का मुख्य उद्देश्य आध्यात्मिक था - देवताओं को प्रसन्न करना और आत्मानुभूति प्राप्त करना। हिंदुस्तानी संगीत में भी आध्यात्मिक तत्व प्रमुख है, विशेष रूप से भक्ति संगीत में।

वैदिक संगीत और आधुनिक विज्ञान

आधुनिक विज्ञान ने वैदिक संगीत के अनेक सिद्धांतों की पुष्टि की है। वैदिक संगीत में ध्वनि और उसके प्रभाव के बारे में जो ज्ञान था, वह आधुनिक ध्वनि विज्ञान के अनुरूप है:

1. ध्वनि तरंगें: वैदिक संगीत में माना जाता था कि ध्वनि तरंगों के रूप में फैलती है और विभिन्न ध्वनियों का विभिन्न प्रभाव होता है। आधुनिक विज्ञान ने इस सिद्धांत की पुष्टि की है।

2. स्वर और आवृत्ति: वैदिक संगीत में सात स्वरों की अवधारणा थी, जिनकी विशिष्ट आवृत्तियाँ होती हैं। आधुनिक विज्ञान ने इन स्वरों की आवृत्तियों को मापा है और उनके प्रभावों का अध्ययन किया है।

3. ध्वनि का प्रभाव: वैदिक संगीत में माना जाता था कि विभिन्न ध्वनियों का शरीर और मन पर विभिन्न प्रभाव होता है। आधुनिक विज्ञान ने इस सिद्धांत की पुष्टि की है और संगीत चिकित्सा के रूप में इसका प्रयोग किया जा रहा है।

4. ओंकार का प्रभाव: वैदिक संगीत में ओंकार को विशेष महत्व दिया गया था और माना जाता था कि इसके उच्चारण से शरीर और मन पर विशेष प्रभाव पड़ता है। आधुनिक अध्ययनों ने इस सिद्धांत की पुष्टि की है और ओंकार के उच्चारण के लाभों को प्रमाणित किया है।

5. मंत्रों का प्रभाव: वैदिक संगीत में माना जाता था कि मंत्रों के उच्चारण से विशेष ऊर्जा उत्पन्न होती है और विभिन्न रोगों का उपचार किया जा सकता है। आधुनिक अध्ययनों ने मंत्रों के उच्चारण के मनोवैज्ञानिक और शारीरिक लाभों को प्रमाणित किया है।

वैदिक संगीत का वर्तमान स्वरूप

वैदिक संगीत का वर्तमान स्वरूप मुख्य रूप से सामगान के रूप में देखा जा सकता है, जो आज भी कुछ वैदिक पाठशालाओं और मठों में प्रचलित है। इसके अतिरिक्त, वैदिक मंत्रों का उच्चारण विभिन्न धार्मिक अनुष्ठानों, यज्ञों और पूजाओं में किया जाता है।

वैदिक संगीत के अनेक तत्व और सिद्धांत आज भी हिंदुस्तानी शास्त्रीय संगीत में देखे जा सकते हैं, जैसे - स्वर, राग, ताल, अलंकार आदि। इसके अतिरिक्त, वैदिक संगीत का प्रभाव भक्ति संगीत, लोक संगीत और आधुनिक फिल्म संगीत पर भी देखा जा सकता है।

आज के समय में, वैदिक संगीत के अध्ययन और प्रचार-प्रसार के लिए अनेक संस्थाएँ कार्यरत हैं, जैसे - वेद विद्यालय, संगीत विद्यालय, संगीत नाटक अकादमी आदि। इन संस्थाओं के प्रयासों से वैदिक संगीत की परंपरा आज भी जीवित है और नई पीढ़ी तक पहुँच रही है।

निष्कर्ष

वेदों में संगीत के अनेक संकेत मिलते हैं, जो भारतीय संगीत के प्राचीन और समृद्ध इतिहास को दर्शाते हैं। सामवेद, जिसे संगीत का प्रथम ग्रंथ माना जाता है, में संगीत के मूल सिद्धांतों और प्रथाओं का विस्तृत वर्णन मिलता है। इसके अतिरिक्त, ऋग्वेद, यजुर्वेद और अथर्ववेद में भी संगीत संबंधी अनेक संकेत मिलते हैं।

वैदिक संगीत का हिंदुस्तानी शास्त्रीय संगीत पर गहरा प्रभाव पड़ा है। वैदिक संगीत के अनेक तत्व और सिद्धांत, जैसे - स्वर, राग, ताल, अलंकार आदि, आज भी हिंदुस्तानी संगीत में देखे जा सकते हैं। इसके अतिरिक्त, वैदिक संगीत का आध्यात्मिक उद्देश्य - देवताओं को प्रसन्न करना और आत्मानुभूति प्राप्त करना, आज भी हिंदुस्तानी संगीत का प्रमुख उद्देश्य है।

आधुनिक विज्ञान ने वैदिक संगीत के अनेक सिद्धांतों की पुष्टि की है, विशेष रूप से ध्वनि और उसके प्रभाव के बारे में। वैदिक संगीत में ध्वनि और उसके प्रभाव के बारे में जो ज्ञान था, वह आधुनिक ध्वनि विज्ञान के अनुरूप है।

वैदिक संगीत का वर्तमान स्वरूप मुख्य रूप से सामगान के रूप में देखा जा सकता है, जो आज भी कुछ वैदिक पाठशालाओं और मठों में प्रचलित है। इसके अतिरिक्त, वैदिक मंत्रों का उच्चारण विभिन्न धार्मिक अनुष्ठानों, यज्ञों और पूजाओं में किया जाता है।

अंत में, यह कहा जा सकता है कि वेदों में संगीत के संकेत भारतीय संगीत के प्राचीन और समृद्ध इतिहास को दर्शाते हैं और आज भी भारतीय संगीत, विशेष रूप से हिंदुस्तानी शास्त्रीय संगीत, पर गहरा प्रभाव डालते हैं। वैदिक संगीत की परंपरा आज भी जीवित है और नई पीढ़ी तक पहुँच रही है, जो भारतीय संगीत की निरंतरता और समृद्धि को सुनिश्चित करती है।

अध्याय 3: उपनिषदों में नाद ब्रह्म की अवधारणा

प्रस्तावना

भारतीय दर्शन और संगीत के बीच सबसे महत्वपूर्ण कड़ी है "नाद ब्रह्म" की अवधारणा, जिसका विस्तृत वर्णन उपनिषदों में मिलता है। उपनिषद वेदों के अंतिम भाग हैं, जिन्हें 'वेदांत' भी कहा जाता है। ये भारतीय दर्शन के मूल ग्रंथ हैं, जिनमें आत्मा, ब्रह्म, माया, मोक्ष जैसी गहन दार्शनिक अवधारणाओं का विवेचन किया गया है। उपनिषदों में नाद (ध्वनि) को ब्रह्म का प्रतीक माना गया है और इसे आत्मानुभूति का एक प्रभावशाली माध्यम बताया गया है।

इस अध्याय में हम उपनिषदों में वर्णित नाद ब्रह्म की अवधारणा का विस्तृत अध्ययन करेंगे और समझेंगे कि कैसे यह अवधारणा भारतीय संगीत, विशेष रूप से हिंदुस्तानी शास्त्रीय संगीत का आधार बनी। हम विभिन्न उपनिषदों में नाद, ध्वनि, संगीत और उनके आध्यात्मिक महत्व के बारे में किए गए उल्लेखों का अध्ययन करेंगे और देखेंगे कि कैसे ये अवधारणाएँ आज भी भारतीय संगीत में प्रासंगिक हैं।

उपनिषदों का संक्षिप्त परिचय

उपनिषद वेदों के अंतिम भाग हैं, जिन्हें 'वेदांत' (वेद का अंत) भी कहा जाता है। 'उपनिषद' शब्द संस्कृत के 'उप' (निकट), 'नि' (नीचे) और 'षद्' (बैठना) धातुओं से मिलकर बना है, जिसका अर्थ है 'गुरु के निकट बैठकर प्राप्त किया गया ज्ञान'। उपनिषदों की रचना लगभग 800-500 ईसा पूर्व के मध्य हुई मानी जाती है।

उपनिषदों की संख्या 108 से अधिक मानी जाती है, लेकिन इनमें से 10-13 उपनिषद प्रमुख हैं, जिन्हें 'मुख्य उपनिषद' कहा जाता है। ये हैं - ईश, केन, कठ, प्रश्न, मुंडक,

मांडूक्य, तैत्तिरीय, ऐतरेय, छांदोग्य, बृहदारण्यक, श्वेताश्वतर, कौषीतकि और मैत्री उपनिषद।

उपनिषदों का मुख्य विषय है आत्मा और ब्रह्म का ज्ञान और उनके एकत्व की अनुभूति। उपनिषदों के अनुसार, आत्मा और ब्रह्म एक ही हैं - "अहं ब्रह्मास्मि" (मैं ब्रह्म हूँ) और "तत्त्वमसि" (वह तू है)। उपनिषदों का अंतिम लक्ष्य है मोक्ष, जिसका अर्थ है आत्मा का ब्रह्म के साथ एकाकार हो जाना।

उपनिषदों में अनेक दार्शनिक अवधारणाओं का विवेचन किया गया है, जैसे - ब्रह्म (परम सत्य), आत्मा (जीवात्मा), माया (भ्रम), कर्म (कर्म का सिद्धांत), पुनर्जन्म (पुनर्जन्म का सिद्धांत), मोक्ष (मुक्ति) आदि। इसके अतिरिक्त, उपनिषदों में ध्यान, योग, प्राणायाम जैसी साधना पद्धतियों का भी वर्णन मिलता है।

नाद ब्रह्म की अवधारणा

नाद ब्रह्म उपनिषदों की एक महत्वपूर्ण अवधारणा है, जिसमें नाद (ध्वनि) को ब्रह्म का प्रतीक माना गया है। नाद का अर्थ है ध्वनि और ब्रह्म का अर्थ है परम सत्य या परमात्मा। नाद ब्रह्म का अर्थ है ध्वनि रूपी ब्रह्म या ध्वनि के माध्यम से ब्रह्म की अनुभूति।

उपनिषदों के अनुसार, सृष्टि की उत्पत्ति नाद से हुई है। सृष्टि के आरंभ में नाद था, और उसी से सभी वस्तुएँ उत्पन्न हुई। यह अवधारणा बाइबिल के "शुरू में शब्द था" के समान है। नाद को ब्रह्म का प्रथम प्रकटीकरण माना जाता है, जिससे सभी अन्य रूप और वस्तुएँ उत्पन्न होती हैं।

नाद को दो प्रकार का माना गया है - आहत नाद और अनाहत नाद। आहत नाद वह है जो किसी आघात या टकराव से उत्पन्न होता है, जैसे वाद्य यंत्रों से निकलने वाली ध्वनि। अनाहत नाद वह है जो बिना किसी आघात के स्वतः उत्पन्न होता है। यह आंतरिक ध्वनि है जो योग साधना के माध्यम से सुनी जा सकती है। अनाहत नाद को ब्रह्म का प्रतीक माना जाता है।

नादबिंदु उपनिषद में नाद ब्रह्म

नादबिंदु उपनिषद में नाद ब्रह्म की अवधारणा का विस्तृत वर्णन मिलता है। यह उपनिषद ऋग्वेद से संबंधित है और इसमें नाद, बिंदु और कला के संबंध का वर्णन किया गया है।

नादबिंदु उपनिषद के अनुसार, "नादो बिंदुकलातीतः नादो बिंदुकलात्मकः। नादो अनाहतो ज्ञेयः स ब्रह्म परमं पदम्॥" अर्थात्, नाद बिंदु और कला से परे है, नाद बिंदु और कला का स्वरूप है। नाद अनाहत (बिना किसी आघात के उत्पन्न) जानना चाहिए, वही ब्रह्म है, वही परम पद है।

नादबिंदु उपनिषद में नाद की उत्पत्ति और उसके विभिन्न स्तरों का वर्णन किया गया है। इसके अनुसार, नाद की उत्पत्ति आत्मा से होती है, जो शरीर में स्थित है। यह नाद प्रारंभ में सूक्ष्म होता है और धीरे-धीरे स्थूल होता जाता है। नाद के विभिन्न स्तरों को क्रमशः चिनी, चिनिचिनी, घंटा, शंख, मृदंग, भेरी और मेघ के समान बताया गया है।

नादबिंदु उपनिषद में नाद योग का भी वर्णन किया गया है, जिसमें साधक नाद पर ध्यान केंद्रित करके अनाहत नाद की अनुभूति करता है। इस अनुभूति से साधक का चित्त शांत होता है और वह समाधि की अवस्था को प्राप्त करता है।

हंस उपनिषद में नाद ब्रह्म

हंस उपनिषद में भी नाद ब्रह्म की अवधारणा का वर्णन मिलता है। यह उपनिषद अथर्ववेद से संबंधित है और इसमें हंस (श्वास) और नाद के संबंध का वर्णन किया गया है।

हंस उपनिषद के अनुसार, "हंसो हंस इति ध्वनिः जायते श्वासवायुना। सोऽहं सोऽहमिति ज्ञात्वा सर्वबंधैः प्रमुच्यते॥" अर्थात्, श्वास वायु से 'हंस हंस' ध्वनि उत्पन्न होती है। 'सोऽहं सोऽहं' (वह मैं हूँ) जानकर सभी बंधनों से मुक्त हो जाता है।

हंस उपनिषद में श्वास (प्राण) को हंस कहा गया है, जो निरंतर 'हं' (श्वास लेते समय) और 'स' (श्वास छोड़ते समय) की ध्वनि करता है। यह 'हंस' ध्वनि अनाहत नाद का एक रूप है, जो साधक को 'सोऽहं' (वह मैं हूँ) का बोध कराती है।

हंस उपनिषद में अजपा गायत्री का भी वर्णन किया गया है, जिसमें साधक बिना किसी प्रयास के स्वतः होने वाले श्वास के साथ 'हंस' या 'सोऽहं' का जाप करता है। यह जाप साधक को आत्मबोध कराता है और उसे मोक्ष की ओर ले जाता है।

मांडूक्य उपनिषद में ओंकार

मांडूक्य उपनिषद में ओंकार (ॐ) का विस्तृत वर्णन मिलता है, जिसे नाद ब्रह्म का प्रथम और सर्वोच्च रूप माना जाता है। यह उपनिषद अथर्ववेद से संबंधित है और इसमें ओंकार और आत्मा के चार अवस्थाओं का वर्णन किया गया है।

मांडूक्य उपनिषद के अनुसार, "ओमित्येतदक्षरमिदं सर्वम्" अर्थात्, यह ओंकार अक्षर ही यह सब कुछ है। ओंकार को ब्रह्म का प्रतीक माना गया है और इसे सभी मंत्रों का बीज कहा गया है।

ओंकार तीन अक्षरों – अ, उ और म से बना है, जो क्रमशः जागृत अवस्था, स्वप्न अवस्था और सुषुप्ति अवस्था का प्रतीक हैं। इन तीनों से परे चौथी अवस्था है तुरीय, जो शुद्ध चैतन्य है और जिसे ओंकार के बाद आने वाले मौन से दर्शाया जाता है।

मांडूक्य उपनिषद में ओंकार के ध्यान का भी वर्णन किया गया है, जिससे साधक आत्मबोध प्राप्त कर सकता है। ओंकार के ध्यान से साधक का चित्त एकाग्र होता है और वह तुरीय अवस्था को प्राप्त करता है, जो मोक्ष का द्वार है।

छांदोग्य उपनिषद में उद्गीथ

छांदोग्य उपनिषद में उद्गीथ (ओंकार) का विस्तृत वर्णन मिलता है, जिसे सामगान का मुख्य अंग माना जाता है। यह उपनिषद सामवेद से संबंधित है और इसमें उद्गीथ और प्राण के संबंध का वर्णन किया गया है।

छांदोग्य उपनिषद के अनुसार, "उद्गीथमेव प्रतिष्ठोपासीत। प्राणो वा उद्गीथः प्राणं वा उद्गायति।" अर्थात्, उद्गीथ (ओंकार) की उपासना करनी चाहिए। प्राण ही उद्गीथ है, क्योंकि प्राण ही उद्गान (ऊँचा गान) करता है।

छांदोग्य उपनिषद में उद्गीथ को सूर्य, वायु, प्राण आदि के साथ जोड़ा गया है और इसकी उपासना का विस्तृत वर्णन किया गया है। उद्गीथ की उपासना से साधक दीर्घायु, यश, ब्रह्मवर्चस, स्वर्ग आदि प्राप्त करता है।

छांदोग्य उपनिषद में सामगान का भी विस्तृत वर्णन मिलता है, जिसमें उद्गीथ का विशेष महत्व है। सामगान के पाँच भागों - प्रस्ताव, उद्गीथ, प्रतिहार, उपद्रव और निधन में से उद्गीथ सबसे महत्वपूर्ण है, जिसे उद्गाता ऋत्विज गाता है।

बृहदारण्यक उपनिषद में वाक् और प्राण

बृहदारण्यक उपनिषद में वाक् (वाणी) और प्राण (श्वास) का विस्तृत वर्णन मिलता है, जो नाद के दो रूप हैं। यह उपनिषद शुक्ल यजुर्वेद से संबंधित है और इसमें वाक् और प्राण के संबंध का वर्णन किया गया है।

बृहदारण्यक उपनिषद के अनुसार, "वाग्वै ब्रह्म" अर्थात्, वाणी ही ब्रह्म है। वाणी को ब्रह्म का प्रकटीकरण माना गया है और इसे सृष्टि का मूल कारण बताया गया है।

बृहदारण्यक उपनिषद में प्राण को सभी इंद्रियों और शक्तियों का मूल बताया गया है। प्राण ही वह शक्ति है जो शरीर और मन को जीवित रखती है और सभी क्रियाओं का आधार है।

बृहदारण्यक उपनिषद में वाक् और प्राण के संवाद का भी वर्णन मिलता है, जिसमें दोनों अपनी श्रेष्ठता का दावा करते हैं। अंत में, प्राण की श्रेष्ठता सिद्ध होती है, क्योंकि प्राण के बिना वाक् कार्य नहीं कर सकती, जबकि प्राण वाक् के बिना भी कार्य कर सकता है।

केन उपनिषद में श्रवण

केन उपनिषद में श्रवण (सुनना) का महत्व बताया गया है, जो नाद की अनुभूति का प्रमुख माध्यम है। यह उपनिषद सामवेद से संबंधित है और इसमें ब्रह्म के ज्ञान का वर्णन किया गया है।

केन उपनिषद के अनुसार, "श्रोत्रस्य श्रोत्रं मनसो मनो यद् वाचो ह वाचं स उ प्राणस्य प्राणः।" अर्थात्, वह श्रोत्र (कान) का श्रोत्र है, मन का मन है, वाणी की वाणी है, प्राण का प्राण है।

केन उपनिषद में बताया गया है कि ब्रह्म को इंद्रियों से नहीं जाना जा सकता, लेकिन वही है जो इंद्रियों को शक्ति प्रदान करता है। ब्रह्म को जानने के लिए इंद्रियों को अंतर्मुखी करना आवश्यक है, जिससे साधक अनाहत नाद की अनुभूति कर सकता है।

केन उपनिषद में श्रवण, मनन और निदिध्यासन का भी वर्णन मिलता है, जो ब्रह्म के ज्ञान के तीन चरण हैं। श्रवण गुरु से ब्रह्म के बारे में सुनना है, मनन उस पर चिंतन करना है, और निदिध्यासन उसका गहन ध्यान करना है। इन तीनों के माध्यम से साधक ब्रह्म का साक्षात्कार करता है।

कठ उपनिषद में आत्मा और इंद्रियाँ

कठ उपनिषद में आत्मा और इंद्रियों का रूपक वर्णन मिलता है, जिसमें श्रवण (सुनना) का विशेष महत्व बताया गया है। यह उपनिषद कृष्ण यजुर्वेद से संबंधित है और इसमें यम (मृत्यु के देवता) और नचिकेता के संवाद का वर्णन किया गया है।

कठ उपनिषद के अनुसार, "आत्मानं रथिनं विद्धि शरीरं रथमेव तु। बुद्धिं तु सारथिं विद्धि मनः प्रग्रहमेव च। इन्द्रियाणि हयानाहुर्विषयांस्तेषु गोचरान्।" अर्थात्, आत्मा को रथी (सवार) जानो, शरीर को रथ, बुद्धि को सारथी और मन को लगाम। इंद्रियाँ घोड़े हैं और विषय उनके मार्ग।

कठ उपनिषद में बताया गया है कि जिस प्रकार रथ को नियंत्रित करने के लिए सारथी की आवश्यकता होती है, उसी प्रकार इंद्रियों को नियंत्रित करने के लिए बुद्धि की आवश्यकता होती है। जब इंद्रियाँ नियंत्रित होती हैं, तब साधक अनाहत नाद की अनुभूति कर सकता है।

कठ उपनिषद में आत्मा के तीन स्तरों का भी वर्णन मिलता है - शरीर, मन और बुद्धि। इन तीनों से परे आत्मा है, जो शुद्ध चैतन्य है और जिसे अनाहत नाद के माध्यम से अनुभव किया जा सकता है।

श्वेताश्वतर उपनिषद में ओंकार और योग

श्वेताश्वतर उपनिषद में ओंकार और योग का विस्तृत वर्णन मिलता है, जिनके माध्यम से अनाहत नाद की अनुभूति की जा सकती है। यह उपनिषद कृष्ण यजुर्वेद से संबंधित है और इसमें ब्रह्म, आत्मा और प्रकृति के संबंध का वर्णन किया गया है।

श्वेताश्वतर उपनिषद के अनुसार, "प्रणवो धनुः शरो ह्यात्मा ब्रह्म तल्लक्ष्यमुच्यते। अप्रमत्तेन वेद्धव्यं शरवत् तन्मयो भवेत्।।" अर्थात्, प्रणव (ओंकार) धनुष है, आत्मा बाण है, ब्रह्म लक्ष्य है। सावधानी से निशाना लगाना चाहिए और बाण की तरह ब्रह्म में लीन हो जाना चाहिए।

श्वेताश्वतर उपनिषद में योग का भी विस्तृत वर्णन मिलता है, जिसके माध्यम से साधक अनाहत नाद की अनुभूति कर सकता है। योग के अंतर्गत आसन, प्राणायाम, प्रत्याहार, धारणा, ध्यान और समाधि का वर्णन किया गया है।

श्वेताश्वतर उपनिषद में अग्नि, सूर्य, चंद्र आदि के साथ ओंकार के संबंध का भी वर्णन मिलता है। ओंकार को सभी देवताओं का प्रतीक माना गया है और इसकी उपासना से सभी देवताओं की कृपा प्राप्त होती है।

तैत्तिरीय उपनिषद में शिक्षा वल्ली

तैत्तिरीय उपनिषद की शिक्षा वल्ली में वर्ण, स्वर, मात्रा, बल, साम और संतान का वर्णन मिलता है, जो संगीत के मूल तत्व हैं। यह उपनिषद कृष्ण यजुर्वेद से संबंधित है और इसमें ब्रह्म विद्या का वर्णन किया गया है।

तैत्तिरीय उपनिषद के अनुसार, "ओमिति ब्रह्म। ओमितीदं सर्वम्।" अर्थात्, ओंकार ही ब्रह्म है। ओंकार ही यह सब कुछ है। ओंकार को सभी मंत्रों का बीज माना गया है और इसकी उपासना से साधक ब्रह्म का साक्षात्कार करता है।

तैत्तिरीय उपनिषद में शिक्षा के छह अंगों का वर्णन मिलता है - वर्ण (अक्षर), स्वर (उच्चारण), मात्रा (उच्चारण का समय), बल (उच्चारण की शक्ति), साम (स्वरों का समन्वय) और संतान (वाक्य की संरचना)। ये छह अंग वेदों के सही उच्चारण और समझ के लिए आवश्यक हैं।

तैत्तिरीय उपनिषद में आनंद मीमांसा का भी वर्णन मिलता है, जिसमें विभिन्न स्तरों के आनंद का वर्णन किया गया है। सबसे ऊँचा आनंद ब्रह्मानंद है, जिसकी अनुभूति अनाहत नाद के माध्यम से की जा सकती है।

प्रश्न उपनिषद में प्राण और ओंकार

प्रश्न उपनिषद में प्राण और ओंकार का विस्तृत वर्णन मिलता है, जो नाद के दो रूप हैं। यह उपनिषद अथर्ववेद से संबंधित है और इसमें छह ऋषियों के छह प्रश्नों और उनके उत्तरों का वर्णन किया गया है।

प्रश्न उपनिषद के अनुसार, "प्राणो अग्निर्वायुः सूर्यः प्राणः प्रजापतिः। प्राणो मृत्युः प्राणः शिवः प्राणो ह सर्वमिदं जगत्।।" अर्थात्, प्राण ही अग्नि है, वायु है, सूर्य है, प्राण ही प्रजापति है। प्राण ही मृत्यु है, प्राण ही शिव है, प्राण ही यह सारा जगत है।

प्रश्न उपनिषद में प्राण को सभी इंद्रियों और शक्तियों का मूल बताया गया है। प्राण ही वह शक्ति है जो शरीर और मन को जीवित रखती है और सभी क्रियाओं का आधार है।

प्रश्न उपनिषद में ओंकार के तीन मात्राओं - अ, उ और म का भी वर्णन मिलता है, जो क्रमशः पृथ्वी, अंतरिक्ष और स्वर्ग का प्रतीक हैं। इन तीनों मात्राओं की उपासना से साधक क्रमशः मनुष्य लोक, पितृ लोक और देव लोक प्राप्त करता है। तीनों मात्राओं की एक साथ उपासना से साधक ब्रह्म लोक प्राप्त करता है।

मुंडक उपनिषद में परा और अपरा विद्या

मुंडक उपनिषद में परा (उच्च) और अपरा (निम्न) विद्या का वर्णन मिलता है, जिनमें नाद का विशेष महत्व है। यह उपनिषद अथर्ववेद से संबंधित है और इसमें ब्रह्म विद्या का वर्णन किया गया है।

मुंडक उपनिषद के अनुसार, "द्वे विद्ये वेदितव्ये इति ह स्म यद् ब्रह्मविदो वदन्ति परा चैवापरा च।" अर्थात्, दो प्रकार की विद्याएँ जानने योग्य हैं, जैसा कि ब्रह्मवेत्ता कहते हैं - परा और अपरा।

मुंडक उपनिषद में अपरा विद्या के अंतर्गत चारों वेद, छह वेदांग, और अन्य शास्त्रों का वर्णन किया गया है। परा विद्या के अंतर्गत ब्रह्म का ज्ञान आता है, जिससे अविनाशी का साक्षात्कार होता है।

मुंडक उपनिषद में ओंकार को धनुष, आत्मा को बाण और ब्रह्म को लक्ष्य के रूप में वर्णित किया गया है। साधक को सावधानी से निशाना लगाना चाहिए और बाण की तरह ब्रह्म में लीन हो जाना चाहिए।

ऐतरेय उपनिषद में सृष्टि और वाक्

ऐतरेय उपनिषद में सृष्टि और वाक् (वाणी) का वर्णन मिलता है, जो नाद का एक रूप है। यह उपनिषद ऋग्वेद से संबंधित है और इसमें सृष्टि की उत्पत्ति और आत्मा के स्वरूप का वर्णन किया गया है।

ऐतरेय उपनिषद के अनुसार, "आत्मा वा इदमेक एवाग्र आसीत्। नान्यत् किंचन मिषत्।" अर्थात्, प्रारंभ में केवल आत्मा ही था। अन्य कुछ भी नहीं था जो पलक झपकता।

ऐतरेय उपनिषद में बताया गया है कि आत्मा ने सृष्टि की रचना की और फिर उसमें प्रवेश किया। आत्मा ने सबसे पहले वाक् (वाणी) की रचना की, जो नाद का एक रूप है।

ऐतरेय उपनिषद में वाक् को तीन प्रकार का बताया गया है - पश्यंती (दृष्टि), मध्यमा (मध्य) और वैखरी (उच्चारित)। पश्यंती वाक् मन में होती है, मध्यमा वाक् बुद्धि में होती है, और वैखरी वाक् मुख से उच्चारित होती है।

नाद योग और उपनिषद

नाद योग उपनिषदों में वर्णित एक महत्वपूर्ण साधना पद्धति है, जिसमें नाद (ध्वनि) के माध्यम से योग किया जाता है। नाद योग में साधक नाद पर ध्यान केंद्रित करके अनाहत नाद की अनुभूति करता है, जिससे उसका चित्त शांत होता है और वह समाधि की अवस्था को प्राप्त करता है।

नाद योग के अंतर्गत साधक पहले आहत नाद (बाहरी ध्वनि) पर ध्यान केंद्रित करता है, फिर धीरे-धीरे अनाहत नाद (आंतरिक ध्वनि) की ओर बढ़ता है। आहत नाद वाद्य यंत्रों, मंत्रों, या प्राकृतिक ध्वनियों से उत्पन्न हो सकता है। अनाहत नाद आंतरिक ध्वनि है, जो बिना किसी आघात के स्वतः उत्पन्न होती है।

नादबिंदु उपनिषद में नाद योग का विस्तृत वर्णन मिलता है। इसके अनुसार, नाद योग के अभ्यास से साधक का चित्त शांत होता है और वह समाधि की अवस्था को प्राप्त करता है। नाद योग के अभ्यास से साधक को अनेक सिद्धियाँ प्राप्त होती हैं और अंततः वह मोक्ष प्राप्त करता है।

हठयोग प्रदीपिका में भी नाद योग का वर्णन मिलता है। इसके अनुसार, "आदौ नादानुसंधानं मध्ये नादानुसंधानम्। अंते नादानुसंधानं नादे नादलयं कुरु।" अर्थात्, प्रारंभ में नाद का अनुसंधान करो, मध्य में नाद का अनुसंधान करो, अंत में नाद का अनुसंधान करो और नाद में ही लय हो जाओ।

नाद ब्रह्म और हिंदुस्तानी संगीत

उपनिषदों में वर्णित नाद ब्रह्म की अवधारणा हिंदुस्तानी शास्त्रीय संगीत का आधार है। हिंदुस्तानी संगीत में नाद को ब्रह्म का प्रतीक माना जाता है और संगीत को आत्मानुभूति का एक प्रभावशाली माध्यम माना जाता है।

हिंदुस्तानी संगीत में स्वर, राग, ताल, लय आदि सभी तत्व नाद ब्रह्म की अवधारणा पर आधारित हैं। स्वर नाद के विभिन्न रूप हैं, राग स्वरों का विशिष्ट क्रम है, ताल लय का माप है, और लय गति का प्रवाह है।

हिंदुस्तानी संगीत में षड्ज (सा) को नाद ब्रह्म का प्रथम प्रकटीकरण माना जाता है, जिससे अन्य सभी स्वर उत्पन्न होते हैं। षड्ज की ध्वनि ओंकार के समान होती है, जिसे ब्रह्म का प्रतीक माना जाता है।

हिंदुस्तानी संगीत में आलाप, जो राग का प्रारंभिक और निराकार रूप है, नाद ब्रह्म की अनुभूति का एक प्रभावशाली माध्यम है। आलाप में संगीतकार बिना किसी ताल के स्वरों का विस्तार करता है, जिससे राग का शुद्ध रूप प्रकट होता है।

हिंदुस्तानी संगीत में ध्रुपद शैली, जो सबसे प्राचीन और गंभीर शैली है, नाद ब्रह्म की अनुभूति पर केंद्रित है। ध्रुपद में स्वरों का विस्तार धीरे-धीरे और गंभीरता से किया जाता है, जिससे श्रोता गहरे ध्यान की अवस्था में पहुँच जाता है।

नाद ब्रह्म और आधुनिक विज्ञान

आधुनिक विज्ञान ने उपनिषदों में वर्णित नाद ब्रह्म की अवधारणा की अनेक पहलुओं की पुष्टि की है। ध्वनि विज्ञान, न्यूरोसाइंस, क्वांटम भौतिकी आदि क्षेत्रों में हुए शोधों ने नाद के प्रभाव और महत्व को प्रमाणित किया है।

ध्वनि विज्ञान के अनुसार, ध्वनि तरंगें हवा या अन्य माध्यमों में कंपन के रूप में फैलती हैं। ये तरंगें विभिन्न आवृत्तियों की होती हैं, जिनका मानव शरीर और मन पर विभिन्न प्रभाव होता है। यह उपनिषदों में वर्णित नाद के प्रभाव के अनुरूप है।

न्यूरोसाइंस के अनुसार, संगीत सुनने से मस्तिष्क में डोपामिन, सेरोटोनिन, एंडोर्फिन जैसे न्यूरोट्रांसमीटर्स का स्राव होता है, जो सुख, आनंद और शांति की अनुभूति कराते हैं। यह उपनिषदों में वर्णित नाद के आनंददायक प्रभाव के अनुरूप है।

क्वांटम भौतिकी के अनुसार, ब्रह्मांड की मूल संरचना कंपन या तरंगों के रूप में है। सभी पदार्थ और ऊर्जा विभिन्न आवृत्तियों के कंपन हैं। यह उपनिषदों में वर्णित नाद ब्रह्म की अवधारणा के अनुरूप है, जिसके अनुसार सृष्टि की उत्पत्ति नाद से हुई है।

संगीत चिकित्सा, जो आधुनिक चिकित्सा का एक अंग है, संगीत के माध्यम से विभिन्न शारीरिक और मानसिक रोगों का उपचार करती है। यह उपनिषदों में वर्णित नाद के चिकित्सकीय प्रभाव के अनुरूप है।

निष्कर्ष

उपनिषदों में नाद ब्रह्म की अवधारणा भारतीय दर्शन और संगीत का एक महत्वपूर्ण पहलू है। नाद को ब्रह्म का प्रतीक माना गया है और इसे आत्मानुभूति का एक प्रभावशाली माध्यम बताया गया है। विभिन्न उपनिषदों में नाद, ध्वनि, ओंकार, उद्गीथ, वाक्, प्राण आदि का विस्तृत वर्णन मिलता है, जो नाद ब्रह्म की अवधारणा के विभिन्न पहलू हैं।

नादबिंदु उपनिषद में नाद की उत्पत्ति और उसके विभिन्न स्तरों का वर्णन किया गया है। हंस उपनिषद में श्वास (प्राण) और नाद के संबंध का वर्णन किया गया है। मांडूक्य उपनिषद में ओंकार और आत्मा के चार अवस्थाओं का वर्णन किया गया है। छांदोग्य उपनिषद में उद्गीथ और प्राण के संबंध का वर्णन किया गया है। बृहदारण्यक उपनिषद में वाक् और प्राण का विस्तृत वर्णन मिलता है।

नाद योग उपनिषदों में वर्णित एक महत्वपूर्ण साधना पद्धति है, जिसमें नाद के माध्यम से योग किया जाता है। नाद योग के अभ्यास से साधक का चित्त शांत होता है और वह समाधि की अवस्था को प्राप्त करता है।

उपनिषदों में वर्णित नाद ब्रह्म की अवधारणा हिंदुस्तानी शास्त्रीय संगीत का आधार है। हिंदुस्तानी संगीत में स्वर, राग, ताल, लय आदि सभी तत्व नाद ब्रह्म की अवधारणा पर आधारित हैं।

आधुनिक विज्ञान ने उपनिषदों में वर्णित नाद ब्रह्म की अवधारणा की अनेक पहलुओं की पुष्टि की है। ध्वनि विज्ञान, न्यूरोसाइंस, क्वांटम भौतिकी आदि क्षेत्रों में हुए शोधों ने नाद के प्रभाव और महत्व को प्रमाणित किया है।

अंत में, यह कहा जा सकता है कि उपनिषदों में वर्णित नाद ब्रह्म की अवधारणा भारतीय संगीत, विशेष रूप से हिंदुस्तानी शास्त्रीय संगीत का आधार है और आज भी उतनी ही प्रासंगिक है जितनी हजारों वर्ष पहले थी। नाद ब्रह्म की अनुभूति आज भी साधक को आत्मानुभूति और मोक्ष की ओर ले जाने का एक प्रभावशाली माध्यम है।

अध्याय 4: पुराणों में गान, राग और नृत्य

प्रस्तावना

भारतीय संस्कृति और दर्शन के विकास में पुराणों का अत्यंत महत्वपूर्ण स्थान है। पुराण शब्द का अर्थ है 'प्राचीन' या 'पुरातन'। ये ग्रंथ भारतीय इतिहास, धर्म, दर्शन, कला, संगीत और संस्कृति के विशाल भंडार हैं। पुराणों की रचना वेदों और उपनिषदों के बाद हुई, लेकिन इनमें वर्णित कई कथाएँ और परंपराएँ अत्यंत प्राचीन हैं, जो मौखिक परंपरा से पीढ़ी-दर-पीढ़ी हस्तांतरित होती रहीं।

पुराणों की संख्या अठारह मानी जाती है, जिन्हें 'अष्टादश पुराण' कहा जाता है। इनके अतिरिक्त अठारह उपपुराण भी हैं। प्रमुख पुराणों में ब्रह्म पुराण, पद्म पुराण, विष्णु पुराण, शिव पुराण, भागवत पुराण, नारद पुराण, मार्कण्डेय पुराण, अग्नि पुराण, भविष्य पुराण, ब्रह्मवैवर्त पुराण, लिंग पुराण, वराह पुराण, स्कंद पुराण, वामन पुराण, कूर्म पुराण, मत्स्य पुराण, गरुड़ पुराण और ब्रह्मांड पुराण शामिल हैं।

पुराणों में संगीत, गान, राग और नृत्य का विस्तृत वर्णन मिलता है। इन ग्रंथों में संगीत को देवताओं का प्रिय माध्यम बताया गया है और इसे मोक्ष प्राप्ति का एक सशक्त साधन माना गया है। पुराणों में गंधर्व, किन्नर, अप्सरा जैसे देवलोक के कलाकारों का उल्लेख मिलता है, जो संगीत और नृत्य में निपुण थे। इसके अतिरिक्त, देवताओं, विशेष रूप से शिव और कृष्ण के संगीत और नृत्य प्रेम का विस्तृत वर्णन भी पुराणों में मिलता है।

इस अध्याय में हम पुराणों में वर्णित संगीत, गान, राग और नृत्य का विस्तृत अध्ययन करेंगे और समझेंगे कि कैसे ये अवधारणाएँ भारतीय संगीत, विशेष रूप से हिंदुस्तानी शास्त्रीय संगीत के विकास में योगदान देती हैं।

पुराणों का संक्षिप्त परिचय

पुराण भारतीय साहित्य के प्राचीन ग्रंथ हैं, जिनकी रचना लगभग 400 ईसा पूर्व से 1000 ईस्वी के मध्य हुई मानी जाती है। पुराणों की विषय-वस्तु अत्यंत व्यापक है, जिसमें सृष्टि की उत्पत्ति, प्रलय, देवताओं की वंशावली, राजाओं के वंश, तीर्थ स्थानों का वर्णन, व्रत और उत्सव, दान और धर्म, योग और ज्ञान, आयुर्वेद और ज्योतिष, कला और संगीत आदि विषय शामिल हैं।

पुराणों की पाँच विशेषताएँ मानी जाती हैं, जिन्हें 'पंचलक्षण' कहा जाता है। ये हैं - सर्ग (सृष्टि की उत्पत्ति), प्रतिसर्ग (प्रलय और पुनर्सृष्टि), वंश (देवताओं की वंशावली), मन्वंतर (मनु के काल) और वंशानुचरित (राजाओं के वंश)।

पुराणों को तीन वर्गों में विभाजित किया जाता है - सात्विक, राजसिक और तामसिक। सात्विक पुराणों में विष्णु की महिमा का वर्णन है, राजसिक पुराणों में ब्रह्मा की महिमा का वर्णन है, और तामसिक पुराणों में शिव की महिमा का वर्णन है।

पुराणों की भाषा संस्कृत है, लेकिन इनकी शैली वेदों और उपनिषदों की तुलना में अधिक सरल और लोकप्रिय है। पुराणों में कथाओं, आख्यानों, उपाख्यानों, गाथाओं और उपदेशों के माध्यम से जटिल दार्शनिक और धार्मिक अवधारणाओं को सरल और रोचक ढंग से प्रस्तुत किया गया है, जिससे ये आम जनता के बीच अत्यधिक लोकप्रिय हुए।

नारद पुराण में संगीत

नारद पुराण में संगीत का विस्तृत वर्णन मिलता है, क्योंकि नारद स्वयं संगीत के देवता माने जाते हैं और वीणा उनका प्रिय वाद्य यंत्र है। नारद पुराण में संगीत के सिद्धांतों, स्वरों, रागों, तालों और वाद्य यंत्रों का विस्तृत वर्णन मिलता है।

नारद पुराण के अनुसार, "गीतं वाद्यं तथा नृत्यं त्रयं संगीतमुच्यते" अर्थात्, गीत (गायन), वाद्य (वादन) और नृत्य, इन तीनों को मिलाकर संगीत कहा जाता है। इस प्रकार, संगीत में गायन, वादन और नृत्य तीनों कलाएँ शामिल हैं।

नारद पुराण में सप्त स्वरों - षड्ज (सा), ऋषभ (रे), गांधार (ग), मध्यम (म), पंचम (प), धैवत (ध) और निषाद (नि) का विस्तृत वर्णन मिलता है। इन स्वरों को विभिन्न देवताओं, ऋषियों, वर्णों, रसों और प्राणियों से जोड़ा गया है।

नारद पुराण के अनुसार, "षड्जं वदति मयूरो गावो रौति ऋषभं स्वरम्। अजा वदति गांधारं क्रौंचो वदति मध्यमम्॥ पुष्पसारे तु पंचमं कोकिलो गायति स्वरम्। अश्वो वदति धैवतं गजो वदति निषादम्॥" अर्थात्, मयूर षड्ज स्वर, गाय ऋषभ स्वर, बकरी गांधार स्वर, क्रौंच पक्षी मध्यम स्वर, कोयल पंचम स्वर, घोड़ा धैवत स्वर और हाथी निषाद स्वर का उच्चारण करते हैं।

नारद पुराण में विभिन्न रागों का भी वर्णन मिलता है, जिन्हें गायन के समय और मौसम के अनुसार वर्गीकृत किया गया है। इसमें छह राग - भैरव, मालकौंस, हिंडोल, दीपक, श्री और मेघ, और छत्तीस रागिनियों का उल्लेख मिलता है।

नारद पुराण में विभिन्न वाद्य यंत्रों का भी वर्णन मिलता है, जिन्हें चार वर्गों में विभाजित किया गया है - तत् (तंत्री वाद्य), अवनद्ध (अवनद्ध वाद्य), घन (घन वाद्य) और सुषिर (फूँक वाद्य)। तत् वाद्यों में वीणा, सितार, सरोद आदि; अवनद्ध वाद्यों में मृदंग, पखावज, तबला आदि; घन वाद्यों में मंजीरा, घंटा, झांझ आदि; और सुषिर वाद्यों में बांसुरी, शहनाई, नरसिंहा आदि शामिल हैं।

नारद पुराण में संगीत के माध्यम से भक्ति और मोक्ष प्राप्ति का भी वर्णन मिलता है। इसके अनुसार, "गीतेन लभ्यते स्वर्गो मोक्षश्च गीतसाधनात्।" अर्थात्, गीत (संगीत) से स्वर्ग प्राप्त होता है और गीत के साधन से मोक्ष प्राप्त होता है।

शिव पुराण में संगीत और नृत्य

शिव पुराण में शिव के नटराज रूप का विस्तृत वर्णन मिलता है, जिसमें वे तांडव नृत्य करते हुए दिखाए गए हैं। शिव को नृत्य और संगीत का आदि गुरु माना जाता है और उनके तांडव नृत्य को सृष्टि, स्थिति और प्रलय का प्रतीक माना जाता है।

शिव पुराण के अनुसार, "नृत्यावसाने नटराजराजो ननाद ढक्कां नवपञ्चवारम्। उद्धर्तुकामो सनकादिसिद्धानेतद्विमर्शे शिवसूत्रजालम्।" अर्थात्, नृत्य के अंत में नटराजों के राजा (शिव) ने नौ बार ढक्का (डमरू) बजाया। सनक आदि सिद्धों का उद्धार करने की इच्छा से उन्होंने इस विमर्श में शिव सूत्रों का जाल फैलाया।

शिव पुराण में शिव के तांडव नृत्य के विभिन्न प्रकारों का वर्णन मिलता है, जैसे - आनंद तांडव, संध्या तांडव, उमा तांडव, गौरी तांडव, कालि तांडव, त्रिपुर तांडव और संहार तांडव। इनमें से आनंद तांडव सबसे प्रसिद्ध है, जिसे शिव चिदंबरम में करते हैं।

शिव पुराण में शिव के डमरू का भी विशेष महत्व बताया गया है। डमरू से निकलने वाली ध्वनि को नाद ब्रह्म का प्रतीक माना जाता है और इससे चौदह महेश्वर सूत्र उत्पन्न हुए, जो पाणिनि व्याकरण के आधार हैं।

शिव पुराण में शिव और पार्वती के विवाह के समय होने वाले संगीत और नृत्य का भी विस्तृत वर्णन मिलता है। इस अवसर पर गंधर्व गायन करते हैं, किन्नर वाद्य यंत्र बजाते हैं और अप्सराएँ नृत्य करती हैं।

शिव पुराण में शिव के गणों, विशेष रूप से नंदी, भृंगी और गणेश के संगीत और नृत्य प्रेम का भी वर्णन मिलता है। नंदी मृदंग बजाते हैं, भृंगी ताल देते हैं और गणेश अपनी सूंड से वीणा बजाते हैं।

भागवत पुराण में कृष्ण का संगीत और रास लीला

भागवत पुराण में कृष्ण के संगीत प्रेम और उनकी रास लीला का विस्तृत वर्णन मिलता है। कृष्ण को बांसुरी वादक के रूप में चित्रित किया गया है और उनकी बांसुरी की मधुर ध्वनि को सभी प्राणियों को मोहित करने वाली बताया गया है।

भागवत पुराण के अनुसार, "वेणुनादेन गोपीनां मनो हरति केशवः।" अर्थात्, केशव (कृष्ण) अपनी बांसुरी की ध्वनि से गोपियों का मन हर लेते हैं। कृष्ण की बांसुरी की ध्वनि इतनी मोहक होती है कि न केवल गोपियाँ, बल्कि पशु-पक्षी, नदियाँ, पहाड़, वृक्ष, सभी उसके मोह में बंध जाते हैं।

भागवत पुराण में कृष्ण की रास लीला का विस्तृत वर्णन मिलता है, जिसमें कृष्ण शरद पूर्णिमा की रात्रि में गोपियों के साथ नृत्य करते हैं रास लीला को भक्ति का सर्वोच्च रूप माना जाता है, जिसमें आत्मा (गोपी) परमात्मा (कृष्ण) से मिलने के लिए व्याकुल होती है

भागवत पुराण के अनुसार, "तासामाविरभूच्छौरिः स्मयमानमुखाम्बुजः। पीताम्बरधरः स्रग्वी साक्षान्मन्मथमन्मथः॥" अर्थात्, उन (गोपियों) के बीच शौरि (कृष्ण) प्रकट हुए, जिनका मुखारविंद मुस्कुरा रहा था, जो पीताम्बर धारण किए हुए थे, जिनके गले में वनमाला थी और जो साक्षात् कामदेव के भी कामदेव थे

भागवत पुराण में रास लीला के दौरान कृष्ण और गोपियों के नृत्य का विस्तृत वर्णन मिलता है। इसमें विभिन्न नृत्य मुद्राओं, हस्त मुद्राओं, पद संचालन और अभिनय का वर्णन किया गया है। रास लीला में कृष्ण अपनी योगमाया से अनेक रूप धारण करते हैं और प्रत्येक गोपी के साथ नृत्य करते हैं।

भागवत पुराण में कृष्ण के अन्य संगीत और नृत्य प्रसंगों का भी वर्णन मिलता है, जैसे - कालिया नाग पर नृत्य, गोवर्धन पर्वत उठाने के समय गोपों के साथ नृत्य, और मथुरा में कंस के दरबार में चाणूर और मुष्टिक के साथ मल्लयुद्ध के दौरान नृत्य।

भागवत पुराण में कृष्ण के संगीत और नृत्य को आध्यात्मिक अर्थ भी दिया गया है। कृष्ण की बांसुरी को ईश्वर का आह्वान माना जाता है, जो आत्मा को परमात्मा की ओर आकर्षित करता है। रास लीला को आत्मा और परमात्मा के मिलन का प्रतीक माना जाता है

विष्णु पुराण में संगीत और गंधर्व विद्या

विष्णु पुराण में संगीत को गंधर्व विद्या के रूप में वर्णित किया गया है और इसे अथर्ववेद का उपवेद माना गया है। गंधर्व विद्या में गायन, वादन और नृत्य तीनों कलाएँ शामिल हैं

विष्णु पुराण के अनुसार, "गंधर्वविद्या तु गीतवाद्यनृत्यादिलक्षणा।" अर्थात्, गंधर्व विद्या गीत, वाद्य और नृत्य आदि से युक्त है गंधर्व विद्या को भरत मुनि ने विकसित किया और

उन्होंने नाट्यशास्त्र की रचना की, जिसमें संगीत और नृत्य के सिद्धांतों का विस्तृत वर्णन किया गया है।

विष्णु पुराण में विष्णु के विभिन्न अवतारों, विशेष रूप से कृष्ण और राम के संगीत प्रेम का वर्णन मिलता है। कृष्ण को बांसुरी वादक के रूप में और राम को वीणा वादक के रूप में चित्रित किया गया है।

विष्णु पुराण में गंधर्वों, किन्नरों और अप्सराओं का भी विस्तृत वर्णन मिलता है, जो देवलोक के कलाकार हैं और संगीत और नृत्य में निपुण हैं। इनमें से प्रमुख हैं - तुम्बुरु, नारद, विश्वावसु, चित्ररथ, हाहा, हूहू, उर्वशी, मेनका, रंभा और तिलोत्तमा।

विष्णु पुराण में समुद्र मंथन के समय होने वाले संगीत और नृत्य का भी वर्णन मिलता है। जब अमृत कलश लेकर धन्वंतरि प्रकट होते हैं, तब गंधर्व गायन करते हैं, किन्नर वाद्य यंत्र बजाते हैं और अप्सराएँ नृत्य करती हैं।

विष्णु पुराण में संगीत के माध्यम से भक्ति और मोक्ष प्राप्ति का भी वर्णन मिलता है। इसके अनुसार, "गीतवाद्यरतो मर्त्यो देवलोकमवाप्नुयात्" अर्थात्, गीत और वाद्य में रत मनुष्य देवलोक को प्राप्त करता है।

ब्रह्म पुराण में संगीत और तीर्थ स्थान

ब्रह्म पुराण में विभिन्न तीर्थ स्थानों, विशेष रूप से पुरी के जगन्नाथ मंदिर में होने वाले संगीत और नृत्य का विस्तृत वर्णन मिलता है। जगन्नाथ मंदिर में देवदासियों द्वारा किए जाने वाले महारी नृत्य और गोटिपुआ नृत्य का विशेष महत्व बताया गया है।

ब्रह्म पुराण के अनुसार, "गीतवाद्यरता ये च नृत्यरता ये च मानवाः। ते सर्वे विष्णुलोकं च प्राप्नुवन्ति न संशयः॥" अर्थात्, जो मनुष्य गीत और वाद्य में रत हैं और जो नृत्य में रत हैं, वे सभी निश्चय ही विष्णुलोक को प्राप्त करते हैं।

ब्रह्म पुराण में जगन्नाथ रथ यात्रा के समय होने वाले संगीत और नृत्य का भी विस्तृत वर्णन मिलता है। इस अवसर पर विभिन्न प्रकार के वाद्य यंत्र बजाए जाते हैं, जैसे - मृदंग, झांझ, करताल, शंख, तुरही आदि, और विभिन्न प्रकार के नृत्य किए जाते हैं

ब्रह्म पुराण में अन्य तीर्थ स्थानों, जैसे - काशी, प्रयाग, गया, मथुरा, अयोध्या, द्वारका आदि में होने वाले संगीत और नृत्य का भी वर्णन मिलता है। इन स्थानों पर विभिन्न उत्सवों और त्योहारों के अवसर पर संगीत और नृत्य का विशेष महत्व होता है

ब्रह्म पुराण में संगीत के माध्यम से पाप नाश और पुण्य प्राप्ति का भी वर्णन मिलता है। इसके अनुसार, "गीतवाद्यरतो मर्त्यः सर्वपापैः प्रमुच्यते।" अर्थात्, गीत और वाद्य में रत मनुष्य सभी पापों से मुक्त हो जाता है।

स्कंद पुराण में संगीत और शिव आराधना

स्कंद पुराण में शिव की आराधना में संगीत और नृत्य के महत्व का विस्तृत वर्णन मिलता है। शिव को संगीत और नृत्य प्रिय देवता माना जाता है और उनकी पूजा में संगीत और नृत्य का विशेष स्थान है।

स्कंद पुराण के अनुसार, "गीतवाद्यरतो यस्तु शिवपूजारतस्तथा। स याति शिवसायुज्यं कल्पकोटिशतैरपि।" अर्थात्, जो मनुष्य गीत और वाद्य में रत है और शिव पूजा में रत है, वह सौ करोड़ कल्पों में भी शिव सायुज्य (शिव के साथ एकाकार होना) को प्राप्त करता है।

स्कंद पुराण में शिवरात्रि के अवसर पर होने वाले संगीत और नृत्य का विशेष वर्णन मिलता है। इस अवसर पर भक्त रात्रि भर जागरण करते हैं और शिव की स्तुति में भजन, कीर्तन और नृत्य करते हैं।

स्कंद पुराण में विभिन्न शिव मंदिरों, विशेष रूप से द्वादश ज्योतिर्लिंगों में होने वाले संगीत और नृत्य का भी वर्णन मिलता है। इन मंदिरों में नित्य और नैमित्तिक पूजा के अवसर पर संगीत और नृत्य का विशेष महत्व होता है।

स्कंद पुराण में शिव के विभिन्न रूपों, विशेष रूप से नटराज रूप की आराधना में संगीत और नृत्य के महत्व का वर्णन मिलता है। नटराज की प्रतिमा के समक्ष भक्त संगीत और नृत्य के माध्यम से अपनी भक्ति व्यक्त करते हैं।

स्कंद पुराण में संगीत के माध्यम से शिव की कृपा प्राप्ति का भी वर्णन मिलता है इसके अनुसार, "गीतवाद्यप्रियो देवः सर्वदा शंकरः स्मृतः।" अर्थात्, शंकर (शिव) सदैव गीत और वाद्य के प्रिय देवता माने जाते हैं।

मार्कण्डेय पुराण में देवी आराधना और संगीत

मार्कण्डेय पुराण में देवी दुर्गा की आराधना में संगीत और नृत्य के महत्व का विस्तृत वर्णन मिलता है। देवी दुर्गा को संगीत और नृत्य प्रिय देवी माना जाता है और उनकी पूजा में संगीत और नृत्य का विशेष स्थान है।

मार्कण्डेय पुराण के अनुसार, "गीतवाद्यरता ये च नृत्यरता ये च मानवाः। ते सर्वे देवीलोकं च प्राप्नुवन्ति न संशयः॥" अर्थात्, जो मनुष्य गीत और वाद्य में रत हैं और जो नृत्य में रत हैं, वे सभी निश्चय ही देवीलोक को प्राप्त करते हैं।

मार्कण्डेय पुराण में नवरात्रि के अवसर पर होने वाले संगीत और नृत्य का विशेष वर्णन मिलता है। इस अवसर पर भक्त नौ दिनों तक देवी दुर्गा की आराधना करते हैं और उनकी स्तुति में भजन, कीर्तन और नृत्य करते हैं।

मार्कण्डेय पुराण में विभिन्न देवी मंदिरों, विशेष रूप से शक्ति पीठों में होने वाले संगीत और नृत्य का भी वर्णन मिलता है। इन मंदिरों में नित्य और नैमित्तिक पूजा के अवसर पर संगीत और नृत्य का विशेष महत्व होता है।

मार्कण्डेय पुराण में देवी के विभिन्न रूपों, विशेष रूप से महिषासुरमर्दिनी रूप की आराधना में संगीत और नृत्य के महत्व का वर्णन मिलता है। महिषासुरमर्दिनी की प्रतिमा के समक्ष भक्त संगीत और नृत्य के माध्यम से अपनी भक्ति व्यक्त करते हैं।

मार्कण्डेय पुराण में संगीत के माध्यम से देवी की कृपा प्राप्ति का भी वर्णन मिलता है। इसके अनुसार, "गीतवाद्यप्रिया देवी सर्वदा दुर्गा स्मृता।" अर्थात्, दुर्गा सदैव गीत और वाद्य की प्रिय देवी मानी जाती हैं।

ब्रह्मवैवर्त पुराण में राधा-कृष्ण और संगीत

ब्रह्मवैवर्त पुराण में राधा-कृष्ण की प्रेम लीलाओं और उनके संगीत प्रेम का विस्तृत वर्णन मिलता है। राधा और कृष्ण दोनों को संगीत और नृत्य प्रिय माना जाता है और उनकी लीलाओं में संगीत और नृत्य का विशेष स्थान है।

ब्रह्मवैवर्त पुराण के अनुसार, "राधाकृष्णप्रियं गीतं राधाकृष्णप्रियं तथा। राधाकृष्णप्रियं नृत्यं राधाकृष्णप्रियं जगत्।" अर्थात्, गीत राधा-कृष्ण को प्रिय है, वाद्य राधा-कृष्ण को प्रिय है, नृत्य राधा-कृष्ण को प्रिय है, और जगत् राधा-कृष्ण को प्रिय है।

ब्रह्मवैवर्त पुराण में राधा-कृष्ण की रास लीला का विस्तृत वर्णन मिलता है, जिसमें वे गोपियों के साथ नृत्य करते हैं। रास लीला को भक्ति का सर्वोच्च रूप माना जाता है, जिसमें आत्मा (राधा और गोपियाँ) परमात्मा (कृष्ण) से मिलने के लिए व्याकुल होती है।

ब्रह्मवैवर्त पुराण में राधा-कृष्ण के विभिन्न उत्सवों, जैसे - होली, झूलन यात्रा, जन्माष्टमी आदि के अवसर पर होने वाले संगीत और नृत्य का भी वर्णन मिलता है। इन उत्सवों पर भक्त राधा-कृष्ण की स्तुति में भजन, कीर्तन और नृत्य करते हैं।

ब्रह्मवैवर्त पुराण में राधा-कृष्ण के विभिन्न मंदिरों, विशेष रूप से वृंदावन और मथुरा के मंदिरों में होने वाले संगीत और नृत्य का भी वर्णन मिलता है। इन मंदिरों में नित्य और नैमित्तिक पूजा के अवसर पर संगीत और नृत्य का विशेष महत्व होता है।

ब्रह्मवैवर्त पुराण में संगीत के माध्यम से राधा-कृष्ण की कृपा प्राप्ति का भी वर्णन मिलता है। इसके अनुसार, "गीतवाद्यरतो यस्तु राधाकृष्णपरायणः। स याति राधालोकं च कल्पकोटिशतैरपि।" अर्थात्, जो मनुष्य गीत और वाद्य में रत है और राधा-कृष्ण में परायण है, वह सौ करोड़ कल्पों में भी राधालोक को प्राप्त करता है।

पुराणों में वर्णित वाद्य यंत्र

पुराणों में विभिन्न प्रकार के वाद्य यंत्रों का विस्तृत वर्णन मिलता है, जिन्हें चार वर्गों में विभाजित किया गया है - तत् (तंत्री वाद्य), अवनद्ध (अवनद्ध वाद्य), घन (घन वाद्य) और सुषिर (फूँक वाद्य)।

तत् वाद्य वे हैं, जिनमें तार या तंत्री होती है और जिन्हें छेड़कर या बजाकर ध्वनि उत्पन्न की जाती है। इनमें प्रमुख हैं - वीणा, सितार, सरोद, तंबूरा, रबाब, सारंगी आदि। पुराणों में वीणा का विशेष महत्व बताया गया है और इसे नारद, सरस्वती और शिव का प्रिय वाद्य यंत्र माना गया है।

अवनद्ध वाद्य वे हैं, जिनमें चमड़े का उपयोग किया जाता है और जिन्हें हाथ या डंडे से बजाकर ध्वनि उत्पन्न की जाती है। इनमें प्रमुख हैं - मृदंग, पखावज, तबला, ढोल, डमरू, नगाड़ा आदि। पुराणों में मृदंग और डमरू का विशेष महत्व बताया गया है और इन्हें क्रमशः विष्णु और शिव का प्रिय वाद्य यंत्र माना गया है।

घन वाद्य वे हैं, जिन्हें आपस में टकराकर या हिलाकर ध्वनि उत्पन्न की जाती है। इनमें प्रमुख हैं - मंजीरा, घंटा, झांझ, करताल, नूपुर आदि। पुराणों में घंटा और मंजीरा का विशेष महत्व बताया गया है और इन्हें देवी दुर्गा और राधा का प्रिय वाद्य यंत्र माना गया है।

सुषिर वाद्य वे हैं, जिनमें फूँक मारकर ध्वनि उत्पन्न की जाती है। इनमें प्रमुख हैं - बांसुरी, शंख, शहनाई, नरसिंहा, तुरही आदि। पुराणों में बांसुरी और शंख का विशेष महत्व बताया गया है और इन्हें क्रमशः कृष्ण और विष्णु का प्रिय वाद्य यंत्र माना गया है।

पुराणों में इन वाद्य यंत्रों के निर्माण, उनके वादन की विधि और उनके आध्यात्मिक महत्व का भी वर्णन मिलता है। इन वाद्य यंत्रों को देवताओं की आराधना, उत्सवों और त्योहारों के अवसर पर, और विभिन्न संस्कारों और अनुष्ठानों के समय बजाया जाता है।

पुराणों में वर्णित राग और रागिनियाँ

पुराणों में विभिन्न रागों और रागिनियों का विस्तृत वर्णन मिलता है, जिन्हें गायन के समय और मौसम के अनुसार वर्गीकृत किया गया है। राग संगीत की एक विशिष्ट शैली है, जिसमें स्वरों का एक निश्चित क्रम होता है और जिसे एक निश्चित भाव या रस के साथ गाया जाता है।

पुराणों में छह राग - भैरव, मालकौंस, हिंडोल, दीपक, श्री और मेघ, और छत्तीस रागिनियों का उल्लेख मिलता है। प्रत्येक राग की पाँच-पाँच रागिनियाँ होती हैं, जिन्हें उस राग की पत्नियाँ माना जाता है, और प्रत्येक रागिनी के आठ-आठ पुत्र होते हैं, जिन्हें उपराग कहा जाता है।

भैरव राग को प्रातःकाल (सूर्योदय के समय) गाया जाता है और इसकी रागिनियाँ हैं - भैरवी, बिलावल, पुनिया, बंगाल और असावरी। भैरव राग को शिव का प्रिय राग माना जाता है और इसे गंभीर और शांत भाव के साथ गाया जाता है।

मालकौंस राग को रात्रि के प्रथम प्रहर में गाया जाता है और इसकी रागिनियाँ हैं - तोड़ी, गौड़ी, गुंडकरी, कोकब और कुंतला। मालकौंस राग को गणेश का प्रिय राग माना जाता है और इसे गंभीर और वीर भाव के साथ गाया जाता है।

हिंडोल राग को वसंत ऋतु में गाया जाता है और इसकी रागिनियाँ हैं - रामकली, देशाख, ललित, पटमंजरी और देशी। हिंडोल राग को कामदेव का प्रिय राग माना जाता है और इसे श्रृंगार और हास्य भाव के साथ गाया जाता है।

दीपक राग को संध्या के समय गाया जाता है और इसकी रागिनियाँ हैं - कच्छेली, पटमंजरी, तोड़ी, कामोदी और गुजरी। दीपक राग को अग्नि का प्रिय राग माना जाता है और इसे वीर और रौद्र भाव के साथ गाया जाता है। पुराणों में वर्णित है कि तानसेन ने दीपक राग गाकर दीपक जलाए थे।

श्री राग को संध्या के बाद गाया जाता है और इसकी रागिनियाँ हैं - गौड़ी, गंधारी, गंधार, देवगंधार और बंगाल। श्री राग को लक्ष्मी का प्रिय राग माना जाता है और इसे शांत और भक्ति भाव के साथ गाया जाता है।

मेघ राग को वर्षा ऋतु में गाया जाता है और इसकी रागिनियाँ हैं - मल्हार, सारंग, कोकब, गौड़ मल्हार और गंधार। मेघ राग को इंद्र का प्रिय राग माना जाता है और इसे करुण और अद्भुत भाव के साथ गाया जाता है। पुराणों में वर्णित है कि तानसेन ने मेघ राग गाकर वर्षा कराई थी।

पुराणों में इन रागों और रागिनियों के गायन की विधि, उनके स्वर, उनके वादी-संवादी स्वर, उनके आरोह-अवरोह और उनके आध्यात्मिक महत्व का भी वर्णन मिलता है। इन रागों और रागिनियों को देवताओं की आराधना, उत्सवों और त्योहारों के अवसर पर, और विभिन्न संस्कारों और अनुष्ठानों के समय गाया जाता है।

पुराणों में वर्णित नृत्य प्रकार

पुराणों में विभिन्न प्रकार के नृत्यों का विस्तृत वर्णन मिलता है, जिन्हें मार्ग (शास्त्रीय) और देशी (लोक) दो वर्गों में विभाजित किया गया है। नृत्य शरीर की गति और मुद्राओं के माध्यम से भावों और रसों की अभिव्यक्ति है।

मार्ग नृत्य वे हैं, जो शास्त्रों के नियमों के अनुसार किए जाते हैं और जिनका विकास भरत मुनि के नाट्यशास्त्र के आधार पर हुआ है। इनमें प्रमुख हैं - भरतनाट्यम, कथकली, कथक, ओडिसी, कुचिपुड़ी, मणिपुरी और मोहिनीअट्टम। पुराणों में इन नृत्यों के विकास, उनकी मुद्राओं, उनके पद संचालन और उनके आध्यात्मिक महत्व का विस्तृत वर्णन मिलता है।

देशी नृत्य वे हैं, जो विभिन्न क्षेत्रों और समुदायों में प्रचलित हैं और जिनका विकास लोक परंपराओं के आधार पर हुआ है। इनमें प्रमुख हैं - गरबा, डांडिया, भांगड़ा, बिहू, छऊ, लावणी, कालबेलिया आदि। पुराणों में इन नृत्यों के विकास, उनकी विशेषताओं और उनके सामाजिक महत्व का वर्णन मिलता है।

पुराणों में शिव के तांडव नृत्य का विशेष महत्व बताया गया है, जिसे नृत्य का आदि रूप माना जाता है। तांडव नृत्य के विभिन्न प्रकारों का वर्णन मिलता है, जैसे - आनंद तांडव, संध्या तांडव, उमा तांडव, गौरी तांडव, कालि तांडव, त्रिपुर तांडव और संहार तांडव। इनमें से आनंद तांडव सबसे प्रसिद्ध है, जिसे शिव चिदंबरम में करते हैं।

पुराणों में पार्वती के लास्य नृत्य का भी विशेष महत्व बताया गया है, जिसे नृत्य का कोमल रूप माना जाता है। लास्य नृत्य में कोमलता, सौंदर्य और श्रृंगार की प्रधानता होती है, जबकि तांडव नृत्य में शक्ति, वीरता और रौद्र की प्रधानता होती है।

पुराणों में कृष्ण की रास लीला का भी विशेष महत्व बताया गया है, जिसे भक्ति का सर्वोच्च रूप माना जाता है। रास लीला में कृष्ण गोपियों के साथ नृत्य करते हैं और इसे आत्मा और परमात्मा के मिलन का प्रतीक माना जाता है।

पुराणों में गणेश के नृत्य का भी वर्णन मिलता है, जिसे 'गणपति नृत्य' कहा जाता है। गणेश अपने भारी शरीर के बावजूद अत्यंत सुंदर और लयबद्ध नृत्य करते हैं और इसे विघ्नों के नाश का प्रतीक माना जाता है।

पुराणों में देवी दुर्गा के नृत्य का भी वर्णन मिलता है, जिसे 'चंडी नृत्य' कहा जाता है। दुर्गा अपने नृत्य से असुरों का संहार करती हैं और इसे अधर्म पर धर्म की विजय का प्रतीक माना जाता है।

पुराणों में संगीत का आध्यात्मिक महत्व

पुराणों में संगीत को आध्यात्मिक साधना का एक प्रभावशाली माध्यम माना गया है और इसे मोक्ष प्राप्ति का एक सशक्त साधन बताया गया है। संगीत के माध्यम से साधक अपने मन को एकाग्र करता है, अपनी इंद्रियों को नियंत्रित करता है और अंततः परमात्मा से एकाकार हो जाता है।

पुराणों के अनुसार, "नादोपासनया देवि नादे लीनं मनः कुरु। मनोलये जगल्लीनं तदा मोक्षमवाप्स्यसि।" अर्थात्, हे देवी, नाद की उपासना से मन को नाद में लीन करो। मन के लय होने पर जगत् लीन हो जाता है, तब मोक्ष प्राप्त होता है।

पुराणों में संगीत को नाद ब्रह्म का प्रकटीकरण माना गया है और इसे आत्मानुभूति का एक प्रभावशाली माध्यम बताया गया है। नाद दो प्रकार का होता है - आहत नाद और अनाहत नाद। आहत नाद वह है जो किसी आघात या टकराव से उत्पन्न होता है, जैसे वाद्य यंत्रों से निकलने वाली ध्वनि। अनाहत नाद वह है जो बिना किसी आघात के स्वतः उत्पन्न होता है। यह आंतरिक ध्वनि है जो योग साधना के माध्यम से सुनी जा सकती है।

पुराणों में संगीत को भक्ति का एक प्रभावशाली माध्यम माना गया है और इसे देवताओं की आराधना का एक सशक्त साधन बताया गया है। संगीत के माध्यम से भक्त अपने हृदय के भावों को देवता के समक्ष प्रस्तुत करता है और उनकी कृपा प्राप्त करता है।

पुराणों के अनुसार, "गीतेन लभ्यते स्वर्गो मोक्षश्च गीतसाधनात्" अर्थात्, गीत (संगीत) से स्वर्ग प्राप्त होता है और गीत के साधन से मोक्ष प्राप्त होता है। इस प्रकार, संगीत न केवल इहलोक में आनंद प्रदान करता है, बल्कि परलोक में भी सुख और मोक्ष प्रदान करता है।

पुराणों में संगीत को चिकित्सा का एक प्रभावशाली माध्यम भी माना गया है और इसे विभिन्न रोगों के उपचार का एक सशक्त साधन बताया गया है। विभिन्न रागों का विभिन्न रोगों पर विशेष प्रभाव होता है और उनके गायन या श्रवण से रोगों का उपचार किया जा सकता है।

पुराणों के अनुसार, "रागेन भेषजं प्रोक्तं व्याधिनाशनमुत्तमम्" अर्थात्, राग को उत्तम औषधि कहा गया है, जो व्याधि (रोग) का नाश करती है। इस प्रकार, संगीत न केवल आत्मा का, बल्कि शरीर का भी उपचार करता है।

पुराणों का हिंदुस्तानी संगीत पर प्रभाव

पुराणों में वर्णित संगीत, गान, राग और नृत्य की अवधारणाओं ने हिंदुस्तानी शास्त्रीय संगीत के विकास में महत्वपूर्ण योगदान दिया है। हिंदुस्तानी संगीत की अनेक विशेषताएँ और परंपराएँ पुराणों से प्रेरित हैं और आज भी उनका प्रभाव देखा जा सकता है।

हिंदुस्तानी संगीत में रागों की अवधारणा पुराणों से प्रेरित है। पुराणों में वर्णित छह राग - भैरव, मालकौंस, हिंडोल, दीपक, श्री और मेघ, और उनकी रागिनियाँ आज भी

हिंदुस्तानी संगीत में प्रचलित हैं। इन रागों को गायन के समय और मौसम के अनुसार वर्गीकृत किया गया है, जो हिंदुस्तानी संगीत की एक महत्वपूर्ण विशेषता है।

हिंदुस्तानी संगीत में वाद्य यंत्रों का वर्गीकरण पुराणों से प्रेरित है। पुराणों में वाद्य यंत्रों को चार वर्गों में विभाजित किया गया है - तत् (तंत्री वाद्य), अवनद्ध (अवनद्ध वाद्य), घन (घन वाद्य) और सुषिर (फूँक वाद्य), जो आज भी हिंदुस्तानी संगीत में प्रचलित है।

हिंदुस्तानी संगीत में नृत्य शैलियाँ, विशेष रूप से कथक, पुराणों से प्रेरित हैं। कथक नृत्य का विकास कृष्ण की रास लीला और शिव के तांडव नृत्य से प्रेरित है, जिनका विस्तृत वर्णन पुराणों में मिलता है।

हिंदुस्तानी संगीत में भक्ति संगीत की परंपरा पुराणों से प्रेरित है। पुराणों में संगीत को भक्ति का एक प्रभावशाली माध्यम माना गया है और इसे देवताओं की आराधना का एक सशक्त साधन बताया गया है। यह परंपरा आज भी हिंदुस्तानी संगीत में देखी जा सकती है, जहाँ भजन, कीर्तन और धुन भक्ति संगीत के महत्वपूर्ण अंग हैं।

हिंदुस्तानी संगीत में गुरु-शिष्य परंपरा पुराणों से प्रेरित है। पुराणों में संगीत को गुरु से सीखने का महत्व बताया गया है और इसे गुरु की कृपा से प्राप्त होने वाला ज्ञान माना गया है। यह परंपरा आज भी हिंदुस्तानी संगीत में देखी जा सकती है, जहाँ शिष्य गुरु के चरणों में बैठकर संगीत सीखता है।

हिंदुस्तानी संगीत में रियाज़ (अभ्यास) की परंपरा पुराणों से प्रेरित है। पुराणों में संगीत को साधना माना गया है और इसे नियमित अभ्यास से ही सिद्ध किया जा सकता है। यह परंपरा आज भी हिंदुस्तानी संगीत में देखी जा सकती है, जहाँ संगीतकार नियमित रूप से रियाज़ करते हैं।

निष्कर्ष

पुराणों में संगीत, गान, राग और नृत्य का विस्तृत वर्णन मिलता है, जो भारतीय संगीत, विशेष रूप से हिंदुस्तानी शास्त्रीय संगीत के विकास में महत्वपूर्ण योगदान देता है। पुराणों

में संगीत को देवताओं का प्रिय माध्यम बताया गया है और इसे मोक्ष प्राप्ति का एक सशक्त साधन माना गया है।

नारद पुराण में संगीत के सिद्धांतों, स्वरों, रागों, तालों और वाद्य यंत्रों का विस्तृत वर्णन मिलता है। शिव पुराण में शिव के नटराज रूप और उनके तांडव नृत्य का विस्तृत वर्णन मिलता है। भागवत पुराण में कृष्ण के संगीत प्रेम और उनकी रास लीला का विस्तृत वर्णन मिलता है। विष्णु पुराण में संगीत को गंधर्व विद्या के रूप में वर्णित किया गया है और इसे अथर्ववेद का उपवेद माना गया है।

पुराणों में विभिन्न प्रकार के वाद्य यंत्रों का विस्तृत वर्णन मिलता है, जिन्हें चार वर्गों में विभाजित किया गया है - तत् (तंत्री वाद्य), अवनद्ध (अवनद्ध वाद्य), घन (घन वाद्य) और सुषिर (फूँक वाद्य)। पुराणों में विभिन्न रागों और रागिनियों का भी विस्तृत वर्णन मिलता है, जिन्हें गायन के समय और मौसम के अनुसार वर्गीकृत किया गया है।

पुराणों में विभिन्न प्रकार के नृत्यों का विस्तृत वर्णन मिलता है, जिन्हें मार्ग (शास्त्रीय) और देशी (लोक) दो वर्गों में विभाजित किया गया है। पुराणों में शिव के तांडव नृत्य, पार्वती के लास्य नृत्य, कृष्ण की रास लीला, गणेश के गणपति नृत्य और देवी दुर्गा के चंडी नृत्य का विशेष महत्व बताया गया है।

पुराणों में संगीत को आध्यात्मिक साधना का एक प्रभावशाली माध्यम माना गया है और इसे मोक्ष प्राप्ति का एक सशक्त साधन बताया गया है। संगीत के माध्यम से साधक अपने मन को एकाग्र करता है, अपनी इंद्रियों को नियंत्रित करता है और अंततः परमात्मा से एकाकार हो जाता है।

पुराणों में वर्णित संगीत, गान, राग और नृत्य की अवधारणाओं ने हिंदुस्तानी शास्त्रीय संगीत के विकास में महत्वपूर्ण योगदान दिया है। हिंदुस्तानी संगीत की अनेक विशेषताएँ और परंपराएँ पुराणों से प्रेरित हैं और आज भी उनका प्रभाव देखा जा सकता है।

अंत में, यह कहा जा सकता है कि पुराणों में वर्णित संगीत, गान, राग और नृत्य की अवधारणाएँ भारतीय संगीत, विशेष रूप से हिंदुस्तानी शास्त्रीय संगीत का आधार हैं और आज भी उतनी ही प्रासंगिक हैं जितनी हजारों वर्ष पहले थीं। ये अवधारणाएँ न केवल

संगीत के तकनीकी पहलुओं को, बल्कि उसके आध्यात्मिक और दार्शनिक पहलुओं को भी समझने में सहायता करती है।

72

अध्याय 5: भारतीय ऋषियों की दृष्टि में संगीत

प्रस्तावना

भारतीय संस्कृति में ऋषि-मुनियों का स्थान अत्यंत महत्वपूर्ण रहा है। इन्होंने न केवल आध्यात्मिक और दार्शनिक ज्ञान का प्रसार किया, बल्कि कला, विज्ञान और संगीत के क्षेत्र में भी अमूल्य योगदान दिया। भारतीय ऋषियों ने संगीत को ब्रह्मांड की अभिव्यक्ति और परमात्मा से साक्षात्कार का माध्यम माना। उनकी दृष्टि में संगीत केवल मनोरंजन का साधन नहीं, बल्कि आत्मिक उन्नति और मोक्ष प्राप्ति का मार्ग था। इस अध्याय में हम भारतीय ऋषियों की संगीत संबंधी अवधारणाओं, उनके योगदान और उनके द्वारा प्रतिपादित संगीत सिद्धांतों का विस्तृत अध्ययन करेंगे।

भरत मुनि और नाट्यशास्त्र

भारतीय संगीत के इतिहास में भरत मुनि का नाम सर्वोपरि है। उन्होंने 'नाट्यशास्त्र' नामक ग्रंथ की रचना की, जिसे भारतीय संगीत, नृत्य और नाटक का प्रथम व्यवस्थित ग्रंथ माना जाता है। यह ग्रंथ लगभग 2000 वर्ष पुराना है और इसमें 36 अध्याय हैं। इसमें संगीत के सिद्धांत, स्वर, राग, ताल, वाद्य यंत्र और गायन शैलियों का विस्तृत वर्णन मिलता है।

भरत मुनि के अनुसार, संगीत की उत्पत्ति ब्रह्मा से हुई। एक पौराणिक कथा के अनुसार, जब देवताओं ने ब्रह्मा से मनोरंजन के लिए कुछ ऐसा बनाने का अनुरोध किया जो दृश्य और श्रव्य दोनों हो, तब ब्रह्मा ने चारों वेदों से सार निकालकर पंचम वेद के रूप में नाट्यवेद की रचना की। इसमें ऋग्वेद से पाठ्य (संवाद), सामवेद से गीत, यजुर्वेद से अभिनय और अथर्ववेद से रस लिया गया।

नाट्यशास्त्र में भरत मुनि ने सप्त स्वरों (षड्ज, ऋषभ, गांधार, मध्यम, पंचम, धैवत और निषाद) का विस्तृत वर्णन किया है। उन्होंने इन स्वरों को प्राकृतिक ध्वनियों से जोड़ा है:

"षड्जं वदति मयूरो गावो रम्भन्ति ऋषभम्।

अजा वदन्ति गान्धारं क्रौञ्चो वदति मध्यमम्।।

पुष्पसाधारणे काले कोकिलः पञ्चमं वदेत्।

अश्वो वदति धैवतं निषादं वदति कुञ्जरः।।"

अर्थात्ः "मयूर षड्ज स्वर, गाय ऋषभ स्वर, बकरी गांधार स्वर, क्रौंच पक्षी मध्यम स्वर, वसंत ऋतु में कोयल पंचम स्वर, घोड़ा धैवत स्वर और हाथी निषाद स्वर का उच्चारण करते हैं"

भरत मुनि ने संगीत को 'गांधर्व' नाम दिया और इसे तीन भागों में विभाजित किया: 1. गीत (गायन) 2. वाद्य (वाद्य यंत्र वादन) 3. नृत्य (अभिनय सहित नृत्य)

उन्होंने 'जाति' नामक राग प्रकारों का भी वर्णन किया, जो बाद में विकसित होकर आधुनिक रागों का आधार बने। भरत मुनि ने संगीत के प्रभाव पर भी प्रकाश डाला और बताया कि किस प्रकार संगीत मानव मन पर विभिन्न भावों और रसों को उत्पन्न करता है

मतंग मुनि और बृहद्देशी

मतंग मुनि भारतीय संगीत के इतिहास में एक अन्य महत्वपूर्ण ऋषि हैं। उन्होंने 5वीं-7वीं शताब्दी के मध्य 'बृहद्देशी' नामक ग्रंथ की रचना की, जिसमें पहली बार 'राग' शब्द का प्रयोग मिलता है। मतंग मुनि ने राग को परिभाषित करते हुए कहा:

"रञ्जयति इति रागः"

अर्थात्, "जो मन को रंजित करे, वह राग है"

बृहद्देशी में मतंग मुनि ने राग के लक्षण, उनके प्रकार और उनके प्रभाव का विस्तृत वर्णन किया है। उन्होंने 'ग्राम राग' और 'देशी राग' का वर्गीकरण किया और बताया कि किस प्रकार विभिन्न प्रदेशों की संगीत शैलियाँ एक-दूसरे से भिन्न होती हैं

मतंग मुनि ने स्वरों के उच्चारण स्थान का भी वर्णन किया है: - षड्ज: नाभि से - ऋषभ: हृदय से - गांधार: गले से - मध्यम: तालु से - पंचम: नासिका से - धैवत: ललाट से - निषाद: सिर से

उन्होंने यह भी बताया कि किस प्रकार स्वरों का संबंध मानव शरीर के विभिन्न चक्रों से है और किस प्रकार संगीत साधना से इन चक्रों का जागरण होता है।

शारंगदेव और संगीत रत्नाकर

13वीं शताब्दी में शारंगदेव ने 'संगीत रत्नाकर' नामक महत्वपूर्ण ग्रंथ की रचना की। यह ग्रंथ सात अध्यायों में विभाजित है और इसमें संगीत के सभी पहलुओं का विस्तृत वर्णन मिलता है। शारंगदेव ने स्वयं को नारद का अवतार माना और अपने ग्रंथ में प्राचीन ऋषियों के संगीत सिद्धांतों को संकलित किया।

संगीत रत्नाकर में शारंगदेव ने 264 रागों का वर्णन किया है और उन्हें मेल (थाट) के अनुसार वर्गीकृत किया है। उन्होंने राग के समय सिद्धांत का भी विस्तार से वर्णन किया है, जिसके अनुसार विभिन्न रागों का गायन-वादन दिन के विभिन्न समय पर किया जाना चाहिए।

शारंगदेव ने संगीत को 'मार्गी' और 'देशी' दो भागों में विभाजित किया: 1. मार्ग संगीत: शास्त्रीय नियमों पर आधारित संगीत, जो मोक्ष प्राप्ति का मार्ग है। 2. देशी संगीत: लोक परंपरा पर आधारित संगीत, जो मनोरंजन का साधन है।

उन्होंने संगीत के प्रभाव पर भी प्रकाश डाला और बताया कि किस प्रकार संगीत मानव मन और शरीर पर सकारात्मक प्रभाव डालता है:

"गीतं वाद्यं तथा नृत्यं त्रयं संगीतमुच्यते।

शरीरस्य मनश्चैव व्याधिनाशनमुत्तमम्॥"

अर्थात्, "गीत, वाद्य और नृत्य, इन तीनों को संगीत कहा जाता है। यह शरीर और मन के रोगों को नष्ट करने वाला उत्तम साधन है।"

नारद मुनि और संगीत मकरंद

नारद मुनि को भारतीय संगीत का आदि गुरु माना जाता है। पौराणिक कथाओं के अनुसार, नारद मुनि सदैव वीणा लेकर विचरण करते थे और भगवान विष्णु के परम भक्त थे उन्होंने 'संगीत मकरंद' और 'नारदीय शिक्षा' जैसे ग्रंथों की रचना की, जिनमें संगीत के सिद्धांतों का विस्तृत वर्णन मिलता है

नारद मुनि ने संगीत को भक्ति का सर्वोत्तम माध्यम माना और कहा:

"गीतविद्या तपोविद्या गीतविद्या मनोहरा।
यो जानाति तपोविद्यां स जानाति गीतकम्।।"

अर्थात्, "गीत विद्या तप विद्या है, गीत विद्या मनोहर है जो तप विद्या जानता है, वही गीत को जानता है।"

नारद मुनि ने संगीत को 'नाद ब्रह्म' से जोड़ा और बताया कि किस प्रकार संगीत साधना से परमात्मा की प्राप्ति होती है उन्होंने संगीत के माध्यम से भक्ति रस की अभिव्यक्ति पर विशेष बल दिया और कीर्तन परंपरा का प्रवर्तन किया।

नारद मुनि ने वीणा वादन की महिमा का भी वर्णन किया और बताया कि किस प्रकार वीणा वादन से मन की एकाग्रता बढ़ती है और आत्मिक शांति मिलती है:

"वीणावादनतत्त्वज्ञः श्रुतिजातिविशारदः।
तालज्ञश्चाप्रयासेन मोक्षमार्गं नियच्छति।।"

अर्थात्, "वीणा वादन के तत्व को जानने वाला, श्रुति और जाति का ज्ञाता, ताल का ज्ञानी बिना किसी प्रयास के मोक्ष मार्ग को प्राप्त करता है।"

तुम्बुरु और नारद की संगीत प्रतिस्पर्धा

पौराणिक कथाओं में तुम्बुरु और नारद की संगीत प्रतिस्पर्धा का वर्णन मिलता है। तुम्बुरु को गंधर्वों का राजा माना जाता है और वे भी वीणा वादन में निपुण थे एक बार नारद और तुम्बुरु के बीच संगीत प्रतियोगिता हुई, जिसमें तुम्बुरु विजयी हुए इस कथा से यह

स्पष्ट होता है कि प्राचीन काल में संगीत प्रतियोगिताएँ होती थीं और संगीत कला का उच्च स्तर था।

तुम्बुरु ने भी संगीत के क्षेत्र में महत्वपूर्ण योगदान दिया और विभिन्न रागों का प्रवर्तन किया। उन्होंने 'तुम्बुरु नाट्य' नामक नृत्य शैली का भी विकास किया, जो बाद में विभिन्न शास्त्रीय नृत्य शैलियों का आधार बनी।

अन्य प्रमुख ऋषियों का योगदान

कोहल मुनि

कोहल मुनि भरत मुनि के शिष्य थे और उन्होंने 'कोहल संहिता' नामक ग्रंथ की रचना की। इस ग्रंथ में वाद्य यंत्रों, विशेष रूप से तत् वाद्यों (तंत्री वाद्य) का विस्तृत वर्णन मिलता है। कोहल मुनि ने वीणा के विभिन्न प्रकारों और उनके वादन तकनीकों का भी वर्णन किया है।

दत्तिल मुनि

दत्तिल मुनि ने 'दत्तिलम्' नामक ग्रंथ की रचना की, जिसमें ताल और लय का विस्तृत वर्णन मिलता है। उन्होंने 108 तालों का वर्णन किया है और बताया है कि किस प्रकार ताल संगीत का आधार है।

अभिनव गुप्त

10वीं-11वीं शताब्दी के काश्मीरी दार्शनिक अभिनव गुप्त ने 'अभिनव भारती' नामक ग्रंथ की रचना की, जो भरत मुनि के नाट्यशास्त्र पर एक विस्तृत टीका है। इस ग्रंथ में उन्होंने संगीत के दार्शनिक पहलुओं पर प्रकाश डाला है और बताया है कि किस प्रकार संगीत शिव और शक्ति के मिलन का प्रतीक है।

परशुराम

परशुराम ने 'परशुराम कल्पसूत्र' नामक ग्रंथ की रचना की, जिसमें मंत्र, तंत्र और संगीत के संबंध का वर्णन मिलता है। उन्होंने बताया है कि किस प्रकार मंत्रोच्चारण में स्वर और लय का महत्व है और किस प्रकार मंत्र साधना में संगीत सहायक होता है।

ऋषियों की दृष्टि में संगीत का महत्व

भारतीय ऋषियों ने संगीत को अत्यंत महत्वपूर्ण माना है और इसे आध्यात्मिक साधना का अभिन्न अंग बताया है। उनकी दृष्टि में संगीत के निम्नलिखित महत्व हैं:

आत्मिक उन्नति का माध्यम

ऋषियों के अनुसार, संगीत आत्मिक उन्नति का सर्वोत्तम माध्यम है। संगीत साधना से मन की एकाग्रता बढ़ती है, विचार शुद्ध होते हैं और आत्मा का विकास होता है। भरत मुनि ने कहा है:

> *"नास्ति नाट्यसमं ज्ञानं नास्ति नाट्यसमं तपः।*
> *नास्ति नाट्यसमं दानं नास्ति नाट्यसमं फलम्॥"*

अर्थात्, "नाट्य (जिसमें संगीत भी शामिल है) के समान न कोई ज्ञान है, न कोई तप है, न कोई दान है और न ही कोई फल है"

ब्रह्मांड से संबंध

ऋषियों ने संगीत को ब्रह्मांड की अभिव्यक्ति माना है। उनके अनुसार, ब्रह्मांड में हर वस्तु एक निश्चित आवृत्ति पर कंपन करती है और इन कंपनों से ही नाद उत्पन्न होता है। संगीत इन्हीं नादों का सुव्यवस्थित रूप है। शारंगदेव ने कहा है:

> *"नादाधीनं जगत्सर्वं नादाधीनं परं पदम्।*
> *नादाधीनं मनुष्याणां सुखं दुःखं च जायते॥"*

अर्थात्, "सारा जगत नाद के अधीन है, परम पद नाद के अधीन है। मनुष्यों का सुख और दुःख भी नाद के अधीन उत्पन्न होता है।"

चिकित्सा का माध्यम

ऋषियों ने संगीत को चिकित्सा का भी माध्यम माना है। उनके अनुसार, विभिन्न राग शरीर के विभिन्न अंगों और चक्रों पर प्रभाव डालते हैं और रोगों को दूर करते हैं। मतंग मुनि ने कहा है:

"रागो भवति यस्मातु रञ्जको जनचित्तयोः।
विकारजननात्तेषां रागत्वं प्रतिपादितम्।।"

अर्थात्, "राग वह है जो जन-चित्त को रंजित करे और उनमें विकार (भाव परिवर्तन) उत्पन्न करे।"

भक्ति का माध्यम

ऋषियों ने संगीत को भक्ति का सर्वोत्तम माध्यम माना है। उनके अनुसार, संगीत के माध्यम से भक्त अपने आराध्य से सीधा संवाद स्थापित कर सकता है। नारद मुनि ने कहा है:

"गायन्ति देवाः किल गीतकानि धन्यास्तु ये भारतभूमिभागो
स्वर्गापवर्गास्पदमार्गदायि गायन्ति ये शास्त्रविधानदक्षाः।।"

अर्थात्, "देवता भी गीत गाते हैं, धन्य हैं वे जो भारत भूमि में शास्त्र विधि से कुशलतापूर्वक गाते हैं, जो स्वर्ग और मोक्ष का मार्ग प्रदान करता है।"

ऋषियों द्वारा प्रतिपादित संगीत सिद्धांत

भारतीय ऋषियों ने संगीत के विभिन्न सिद्धांतों का प्रतिपादन किया, जो आज भी हिंदुस्तानी शास्त्रीय संगीत का आधार हैं:

नाद सिद्धांत

ऋषियों ने नाद को दो प्रकार का माना है: 1. अनाहत नाद: वह नाद जो बिना किसी आघात के उत्पन्न होता है और केवल योगी ही इसे सुन सकते हैं 2. आहत नाद: वह नाद जो आघात से उत्पन्न होता है और सभी सुन सकते हैं।

उन्होंने बताया है कि संगीत साधना से अनाहत नाद की अनुभूति होती है, जो परमात्मा का स्वरूप है।

श्रुति सिद्धांत

ऋषियों ने स्वरों के बीच के सूक्ष्म अंतर को 'श्रुति' कहा है उन्होंने एक सप्तक में 22 श्रुतियों का वर्णन किया है और बताया है कि किस प्रकार विभिन्न स्वर विभिन्न श्रुतियों पर स्थित हैं: - षड्ज: 4 श्रुति - ऋषभ: 3 श्रुति - गांधार: 2 श्रुति - मध्यम: 4 श्रुति - पंचम: 4 श्रुति - धैवत: 3 श्रुति - निषाद: 2 श्रुति

राग सिद्धांत

ऋषियों ने राग को संगीत का प्राण माना है उन्होंने राग के विभिन्न अंगों (वादी, संवादी, अनुवादी, विवादी) का वर्णन किया है और बताया है कि किस प्रकार राग विभिन्न भावों और रसों को उत्पन्न करता है।

ताल सिद्धांत

ऋषियों ने ताल को संगीत का आधार माना है उन्होंने विभिन्न तालों का वर्णन किया है और बताया है कि किस प्रकार ताल संगीत को संरचना और लय प्रदान करता है।

रस सिद्धांत

ऋषियों ने संगीत को नौ रसों (श्रृंगार, हास्य, करुण, रौद्र, वीर, भयानक, बीभत्स, अद्भुत और शांत) से जोड़ा है और बताया है कि किस प्रकार विभिन्न राग विभिन्न रसों की अभिव्यक्ति करते हैं।

ऋषियों की संगीत परंपरा का आधुनिक हिंदुस्तानी संगीत पर प्रभाव

भारतीय ऋषियों द्वारा प्रतिपादित संगीत सिद्धांत और परंपराएँ आज भी हिंदुस्तानी शास्त्रीय संगीत का आधार हैं। आधुनिक हिंदुस्तानी संगीत पर ऋषियों की संगीत परंपरा का प्रभाव निम्नलिखित रूप में देखा जा सकता है:

राग संरचना

आधुनिक हिंदुस्तानी संगीत में राग संरचना ऋषियों द्वारा प्रतिपादित सिद्धांतों पर आधारित है। राग के वादी, संवादी, आरोह, अवरोह, पकड़ आदि अंग आज भी उसी रूप में प्रयोग किए जाते हैं।

ताल व्यवस्था

आधुनिक हिंदुस्तानी संगीत में प्रयुक्त तालों का विकास ऋषियों द्वारा वर्णित तालों से हुआ है। तीनताल, झपताल, एकताल, रूपक आदि तालों का उल्लेख प्राचीन ग्रंथों में मिलता है।

गुरु-शिष्य परंपरा

ऋषियों ने संगीत शिक्षा के लिए गुरु-शिष्य परंपरा का प्रवर्तन किया, जो आज भी हिंदुस्तानी शास्त्रीय संगीत का आधार है। इस परंपरा में गुरु अपने शिष्य को मौखिक रूप से संगीत की शिक्षा देता है और शिष्य गुरु के प्रति पूर्ण समर्पण भाव रखता है।

घराना व्यवस्था

हिंदुस्तानी संगीत की घराना व्यवस्था भी ऋषियों की परंपरा से प्रभावित है। विभिन्न घरानों में संगीत की अलग-अलग शैलियाँ विकसित हुईं, जो अपने गुरुओं की विशेषताओं को संजोए हुए हैं।

आध्यात्मिक दृष्टिकोण

हिंदुस्तानी शास्त्रीय संगीत में आज भी आध्यात्मिक दृष्टिकोण प्रमुख है, जो ऋषियों की परंपरा से प्राप्त हुआ है। संगीत को केवल कला नहीं, बल्कि साधना और आत्मिक उन्नति का माध्यम माना जाता है।

निष्कर्ष

भारतीय ऋषियों ने संगीत को एक व्यापक दृष्टिकोण से देखा और इसे आध्यात्मिक, दार्शनिक और वैज्ञानिक आधार प्रदान किया। उन्होंने संगीत को केवल मनोरंजन का साधन नहीं, बल्कि आत्मिक उन्नति और मोक्ष प्राप्ति का मार्ग माना। उनके द्वारा प्रतिपादित सिद्धांत और परंपराएँ आज भी हिंदुस्तानी शास्त्रीय संगीत का आधार हैं और संगीत साधकों को प्रेरित करती हैं।

भारतीय ऋषियों की संगीत दृष्टि हमें यह सिखाती है कि संगीत केवल ध्वनियों का समूह नहीं, बल्कि एक ऐसा माध्यम है जिससे हम अपने अंतर्मन की यात्रा कर सकते हैं और परमात्मा से साक्षात्कार कर सकते हैं। यही कारण है कि भारतीय संगीत परंपरा में गुरु-शिष्य संबंध, साधना और समर्पण का इतना महत्व है।

आज के समय में, जब संगीत व्यावसायिकता की ओर अधिक झुक रहा है, ऋषियों की संगीत दृष्टि हमें संगीत के मूल उद्देश्य और महत्व की याद दिलाती है। यह हमें प्रेरित करती है कि हम संगीत को न केवल मनोरंजन, बल्कि आत्मिक विकास और आंतरिक शांति का माध्यम भी बनाएँ।

अध्याय 6: नाद योग और आध्यात्मिक संगीत

प्रस्तावना

भारतीय दर्शन में नाद को ब्रह्म का प्रत्यक्ष स्वरूप माना गया है। 'नाद ब्रह्म' की अवधारणा भारतीय संगीत और आध्यात्मिकता का मूल आधार है। नाद योग वह साधना पद्धति है जिसमें ध्वनि या संगीत के माध्यम से परम तत्व की अनुभूति की जाती है। यह योग का एक विशिष्ट मार्ग है जो मनुष्य को आत्मिक उन्नति और मोक्ष की ओर ले जाता है। इस अध्याय में हम नाद योग के सिद्धांतों, इसकी साधना पद्धतियों और आध्यात्मिक संगीत के विभिन्न रूपों का विस्तृत अध्ययन करेंगे।

नाद का स्वरूप और महत्व

नाद शब्द की व्युत्पत्ति संस्कृत धातु 'नद्' से हुई है, जिसका अर्थ है 'ध्वनि करना' या 'गूंजना'। भारतीय दर्शन में नाद को सृष्टि का मूल कारण माना गया है। हठयोग प्रदीपिका में कहा गया है:

"नादानुसंधानात्सद्यो ज्ञानावबोधनम्।
अनाहतत्वं सौभाग्यं जायते नादशीलनात्॥"

अर्थात्, "नाद के अनुसंधान (निरंतर अभ्यास) से तत्काल ज्ञान का बोध होता है। नाद के अभ्यास से अनाहत नाद की अनुभूति और सौभाग्य की प्राप्ति होती है।"

भारतीय दर्शन में नाद को दो प्रकार का माना गया है:

1. अनाहत नाद (अहत नाद)

अनाहत नाद वह ध्वनि है जो बिना किसी आघात के उत्पन्न होती है। यह आंतरिक ध्वनि है जो केवल योगी ही अपने अंतर्मन में सुन सकते हैं। यह ब्रह्मांडीय ध्वनि है जो सृष्टि के आरंभ से ही निरंतर गूंज रही है। योगशास्त्र में इसे 'ओंकार' या 'प्रणव' भी कहा गया है। हठयोग प्रदीपिका में इसका वर्णन इस प्रकार किया गया है:

"आदौ जलधिजीमूतघण्टाकाहलसंभवः।
मध्ये मर्दलशब्दाभो घण्टाकाहलनिःस्वनः॥"

अर्थात्, "प्रारंभ में अनाहत नाद समुद्र की गर्जना, बादल की गड़गड़ाहट, घंटे और नगाड़े के समान होता है। मध्य में यह मृदंग के शब्द के समान और अंत में घंटे और नगाड़े के निनाद के समान होता है।"

अनाहत नाद की अनुभूति के लिए गहन ध्यान और एकाग्रता की आवश्यकता होती है। योगी अपने चित्त को एकाग्र करके इस नाद को सुनने का प्रयास करते हैं। इस नाद की अनुभूति होने पर योगी को अलौकिक आनंद की प्राप्ति होती है और वह समाधि की अवस्था में पहुँच जाता है।

2. आहत नाद

आहत नाद वह ध्वनि है जो किसी आघात या संघर्ष से उत्पन्न होती है। यह बाह्य ध्वनि है जिसे सभी सुन सकते हैं। संगीत में प्रयुक्त स्वर, वाद्य यंत्रों से निकलने वाली ध्वनियाँ, मंत्रोच्चारण आदि सभी आहत नाद के अंतर्गत आते हैं।

आहत नाद का अभ्यास अनाहत नाद की अनुभूति का मार्ग प्रशस्त करता है। संगीत साधना, मंत्र जप, कीर्तन आदि के माध्यम से साधक आहत नाद का अभ्यास करता है, जिससे उसका मन शुद्ध और एकाग्र होता है और वह अनाहत नाद की अनुभूति के योग्य बनता है।

नाद योग के सिद्धांत

नाद योग भारतीय योग परंपरा की एक महत्वपूर्ण शाखा है। इसके प्रमुख सिद्धांत निम्नलिखित हैं:

1. नाद ब्रह्म सिद्धांत

नाद योग का मूल सिद्धांत यह है कि नाद ही ब्रह्म है। नादबिंदूपनिषद में कहा गया है:

"नादो बिन्दुकलातीतः शब्दब्रह्मैव केवलम्।

नादरूपं परं ब्रह्म नादरूपो जनार्दनः॥"

अर्थात्, "नाद बिंदु और कला से परे है, यह केवल शब्द ब्रह्म ही है परम ब्रह्म नाद रूप है, जनार्दन (विष्णु) नाद रूप हैं।"

इस सिद्धांत के अनुसार, नाद ब्रह्मांड की मूल ऊर्जा है और इसकी अनुभूति से ही परम तत्व का साक्षात्कार होता है।

2. नाद-बिंदु-कला सिद्धांत

नाद योग में नाद, बिंदु और कला को तीन महत्वपूर्ण तत्व माना गया है: - नाद: ध्वनि या शब्द - बिंदु: शक्ति या ऊर्जा का केंद्र - कला: शक्ति की अभिव्यक्ति

इन तीनों के संयोग से ही सृष्टि की रचना होती है। योगी इन तीनों तत्वों का ध्यान करके परम तत्व की अनुभूति करता है।

3. चक्र और नाद का संबंध

नाद योग में मानव शरीर के सात चक्रों और नाद का गहरा संबंध माना गया है। प्रत्येक चक्र एक विशिष्ट आवृत्ति पर कंपन करता है और इससे एक विशिष्ट नाद उत्पन्न होता है। योगी इन चक्रों का ध्यान करके उनसे उत्पन्न होने वाले नाद को सुनने का प्रयास करता है।

सात चक्र और उनसे संबंधित स्वर इस प्रकार हैं: - मूलाधार चक्र: षड्ज (सा) - स्वाधिष्ठान चक्र: ऋषभ (रे) - मणिपुर चक्र: गांधार (गा) - अनाहत चक्र: मध्यम (मा) - विशुद्ध चक्र: पंचम (पा) - आज्ञा चक्र: धैवत (धा) - सहस्रार चक्र: निषाद (नी)

4. कुंडलिनी और नाद का संबंध

नाद योग में कुंडलिनी शक्ति और नाद का गहरा संबंध माना गया है। कुंडलिनी जागरण के लिए नाद का अभ्यास एक प्रभावशाली माध्यम है। नाद के अभ्यास से कुंडलिनी शक्ति

जागृत होती है और षट्चक्र भेदन करके सहस्रार तक पहुँचती है, जिससे योगी को समाधि की अवस्था प्राप्त होती है।

हठयोग प्रदीपिका में कहा गया है:

"कुण्डलिन्याः प्रबोधाय नादमेवावलम्बतो।
नादानुसंधानेनैव सर्वरोगक्षयो भवेत्।।"

अर्थात्, "कुंडलिनी के जागरण के लिए नाद का ही अवलंबन किया जाता है। नाद के अनुसंधान से ही सभी रोगों का नाश होता है।"

नाद योग की साधना पद्धतियाँ

नाद योग की साधना के लिए विभिन्न पद्धतियाँ प्रचलित हैं। इनमें से कुछ प्रमुख पद्धतियाँ निम्नलिखित हैं:

1. नादानुसंधान

नादानुसंधान नाद योग की मूल साधना पद्धति है। इसमें साधक एकांत स्थान पर पद्मासन या सिद्धासन में बैठकर अपने कानों को अंगुलियों से बंद करके अंतर्नाद को सुनने का प्रयास करता है। प्रारंभ में उसे विभिन्न प्रकार की ध्वनियाँ सुनाई देती हैं, जैसे घंटी, शंख, भेरी, मेघ गर्जना आदि। धीरे-धीरे ये ध्वनियाँ एक सूक्ष्म नाद में परिवर्तित हो जाती हैं, जिसे अनाहत नाद कहा जाता है।

हठयोग प्रदीपिका में नादानुसंधान की विधि इस प्रकार बताई गई है:

"आसने सुखदे योगी बध्वा चैवासनं ततः।
दक्षिणे श्रवणे योगी नादमाकर्णयेदेकचित्तः।।"

अर्थात्, "योगी सुखदायक आसन पर बैठकर, दाहिने कान से एकचित्त होकर नाद को सुने।"

2. मंत्र जप

मंत्र जप नाद योग की एक महत्वपूर्ण साधना पद्धति है इसमें साधक किसी विशिष्ट मंत्र का जप करता है, जिससे उसके मन में एक विशेष प्रकार का नाद उत्पन्न होता है मंत्र जप तीन प्रकार से किया जाता है: - वाचिक जप: मुख से उच्चारण करके - उपांशु जप: होठों से बिना आवाज के - मानसिक जप: मन ही मन में

मंत्र जप से मन एकाग्र होता है और अनाहत नाद की अनुभूति का मार्ग प्रशस्त होता है ओंकार (ॐ) का जप नाद योग में विशेष महत्व रखता है यह प्रणव मंत्र है और इसे नाद ब्रह्म का प्रत्यक्ष रूप माना गया है

3. कीर्तन और भजन

कीर्तन और भजन नाद योग की सामूहिक साधना पद्धतियाँ हैं इनमें साधक समूह में मिलकर भक्तिपूर्ण गीतों का गायन करते हैं, जिससे एक सामूहिक नाद उत्पन्न होता है यह नाद साधकों के मन को शुद्ध और एकाग्र करता है और उन्हें आध्यात्मिक अनुभूति प्रदान करता है

कीर्तन और भजन में ताल वाद्यों (खंजरी, मृदंग, ढोलक आदि) और सुषिर वाद्यों (बांसुरी, शहनाई आदि) का प्रयोग किया जाता है, जिससे नाद की तीव्रता और प्रभाव बढ़ जाता है

4. नाद संगीत

नाद संगीत नाद योग की एक विशिष्ट साधना पद्धति है इसमें साधक विशेष प्रकार के रागों और स्वरों का अभ्यास करता है, जिनका प्रभाव शरीर के विभिन्न चक्रों पर पड़ता है इससे चक्रों का जागरण होता है और कुंडलिनी शक्ति का उत्थान होता है

नाद संगीत में निम्नलिखित रागों का विशेष महत्व है: - राग भैरव: मूलाधार चक्र पर प्रभाव - राग बिलावल: स्वाधिष्ठान चक्र पर प्रभाव - राग तोड़ी: मणिपुर चक्र पर प्रभाव

- राग भीमपलासी: अनाहत चक्र पर प्रभाव - राग पूरिया: विशुद्ध चक्र पर प्रभाव - राग मारवा: आज्ञा चक्र पर प्रभाव - राग दरबारी: सहस्रार चक्र पर प्रभाव

5. वाद्य यंत्र वादन

वाद्य यंत्र वादन भी नाद योग की एक साधना पद्धति है। इसमें साधक किसी वाद्य यंत्र (वीणा, सितार, सरोद, बांसुरी आदि) का वादन करता है, जिससे एक विशिष्ट नाद उत्पन्न होता है। यह नाद साधक के मन को एकाग्र करता है और उसे आध्यात्मिक अनुभूति प्रदान करता है।

वीणा को नाद योग में विशेष महत्व दिया गया है। इसे नारद और सरस्वती का प्रिय वाद्य माना गया है। वीणा वादन से उत्पन्न नाद अत्यंत सूक्ष्म और प्रभावशाली होता है, जो साधक को अनाहत नाद की अनुभूति कराता है।

आध्यात्मिक संगीत के विभिन्न रूप

भारतीय संस्कृति में आध्यात्मिक संगीत के विभिन्न रूप विकसित हुए हैं, जो नाद योग के सिद्धांतों पर आधारित हैं। इनमें से कुछ प्रमुख रूप निम्नलिखित हैं:

1. ध्रुपद

ध्रुपद हिंदुस्तानी शास्त्रीय संगीत की सबसे प्राचीन और गंभीर शैली है। इसकी उत्पत्ति राजा मानसिंह तोमर (15वीं शताब्दी) के समय में हुई मानी जाती है। ध्रुपद का अर्थ है 'ध्रुव' (स्थिर) और 'पद' (शब्द), अर्थात् स्थिर शब्द या अपरिवर्तनीय पद।

ध्रुपद गायन में संस्कृत श्लोकों या हिंदी के दोहों का प्रयोग किया जाता है, जिनमें प्रायः ईश्वर की स्तुति या दार्शनिक विचारों का वर्णन होता है। इसमें आलाप का विशेष महत्व है, जिसमें राग का विस्तार किया जाता है। ध्रुपद गायन के साथ पखावज वाद्य का प्रयोग किया जाता है।

ध्रुपद गायन की चार प्रमुख शैलियाँ (वाणियाँ) हैं: - डागर वाणी: गंभीर और धीमी - खंडार वाणी: मध्यम लय में - नौहार वाणी: तेज लय में - गौहार वाणी: कोमल और मधुर

ध्रुपद गायन आध्यात्मिक अनुभूति प्रदान करता है और साधक को नाद ब्रह्म की अनुभूति कराता है।

2. ख्याल

ख्याल हिंदुस्तानी शास्त्रीय संगीत की एक प्रमुख शैली है, जिसका विकास अमीर खुसरो (13वीं-14वीं शताब्दी) के समय से माना जाता है। ख्याल का अर्थ है 'विचार' या 'कल्पना'। इसमें गायक को राग के नियमों के भीतर रहते हुए अपनी कल्पनाशीलता और प्रतिभा का प्रदर्शन करने की स्वतंत्रता होती है।

ख्याल गायन में प्रेम, प्रकृति, ऋतुओं और ईश्वर भक्ति से संबंधित रचनाओं का गायन किया जाता है। इसमें आलाप, तान और बोलतान का विशेष महत्व है। ख्याल गायन के साथ तबला वाद्य का प्रयोग किया जाता है।

ख्याल गायन दो प्रकार का होता है: - बड़ा ख्याल: विलंबित लय (धीमी गति) में - छोटा ख्याल: द्रुत लय (तेज गति) में

ख्याल गायन भी आध्यात्मिक अनुभूति प्रदान करता है और साधक को नाद ब्रह्म की अनुभूति कराता है।

3. ठुमरी

ठुमरी हिंदुस्तानी शास्त्रीय संगीत की एक अर्द्ध-शास्त्रीय (सेमी-क्लासिकल) शैली है, जिसका विकास 18वीं-19वीं शताब्दी में हुआ। ठुमरी में प्रेम और भक्ति के भावों का मिश्रण होता है। इसमें प्रायः राधा-कृष्ण के प्रेम प्रसंगों का वर्णन किया जाता है।

ठुमरी गायन में भाव प्रदर्शन (अभिनय) का विशेष महत्व है। गायक शब्दों के अर्थ को अपने चेहरे के भावों और हाथों के इशारों से व्यक्त करता है। ठुमरी में 'पूरब अंग' (लखनऊ घराना) और 'पंजाब अंग' (पटियाला घराना) दो प्रमुख शैलियाँ हैं।

ठुमरी गायन भक्ति भाव से परिपूर्ण होता है और साधक को भक्ति रस की अनुभूति कराता है।

4. भजन

भजन भारतीय संगीत की एक लोकप्रिय भक्ति संगीत शैली है। इसमें ईश्वर की स्तुति और भक्ति भावना से परिपूर्ण गीतों का गायन किया जाता है। भजन गायन सामूहिक रूप से किया जाता है, जिसमें एक मुख्य गायक (भजनिक) होता है और अन्य लोग उसका साथ देते हैं।

भजन गायन में हारमोनियम, ढोलक, खंजरी, मंजीरे आदि वाद्य यंत्रों का प्रयोग किया जाता है। भजन विभिन्न संतों और भक्त कवियों (कबीर, मीरा, सूरदास, तुलसीदास आदि) द्वारा रचित होते हैं।

भजन गायन से भक्ति भाव जागृत होता है और साधक को ईश्वर के प्रति समर्पण भाव की अनुभूति होती है।

5. कीर्तन

कीर्तन भारतीय संगीत की एक अन्य भक्ति संगीत शैली है। इसमें ईश्वर के नाम का जप और गुणगान किया जाता है। कीर्तन गायन भी सामूहिक रूप से किया जाता है, जिसमें एक मुख्य गायक (कीर्तनकार) होता है और अन्य लोग उसका साथ देते हैं।

कीर्तन गायन में खोल (मृदंग), करताल, हारमोनियम आदि वाद्य यंत्रों का प्रयोग किया जाता है। कीर्तन विभिन्न प्रकार के होते हैं, जैसे नाम कीर्तन, लीला कीर्तन, गुण कीर्तन आदि।

कीर्तन गायन से भक्ति भाव जागृत होता है और साधक को ईश्वर के प्रति प्रेम और समर्पण की अनुभूति होती है

6. सूफी संगीत

सूफी संगीत इस्लामिक आध्यात्मिकता पर आधारित संगीत शैली है, जिसमें ईश्वर के प्रति प्रेम और समर्पण भाव व्यक्त किया जाता है सूफी संगीत में क़व्वाली, क़ौल, रंग, तराना आदि विभिन्न रूप हैं

क़व्वाली सूफी संगीत का सबसे लोकप्रिय रूप है इसमें सूफी संतों (अमीर खुसरो, बुल्ले शाह, बाबा फरीद आदि) की रचनाओं का गायन किया जाता है क़व्वाली गायन सामूहिक रूप से किया जाता है, जिसमें एक मुख्य गायक होता है और अन्य गायक उसका साथ देते हैं

क़व्वाली गायन में हारमोनियम, तबला, ढोलक आदि वाद्य यंत्रों का प्रयोग किया जाता है क़व्वाली गायन से आध्यात्मिक उन्माद (वज्द) की अवस्था उत्पन्न होती है, जिसमें साधक ईश्वर के प्रति प्रेम में डूब जाता है

नाद योग और आधुनिक चिकित्सा

आधुनिक समय में नाद योग के सिद्धांतों का प्रयोग चिकित्सा के क्षेत्र में भी किया जा रहा है नाद चिकित्सा या संगीत चिकित्सा एक ऐसी पद्धति है, जिसमें विशेष प्रकार के स्वरों और रागों का प्रयोग करके विभिन्न रोगों का उपचार किया जाता है

नाद चिकित्सा के अनुसार, प्रत्येक राग का प्रभाव शरीर के विभिन्न अंगों और मानसिक स्थितियों पर पड़ता है उदाहरण के लिए: - राग भैरव: तनाव और अवसाद को दूर करता है - राग दरबारी: नींद की समस्याओं में लाभदायक - राग मालकौंस: रक्तचाप को नियंत्रित करता है - राग तोड़ी: पाचन संबंधी समस्याओं में लाभदायक - राग भीमपलासी: हृदय रोगों में लाभदायक

आधुनिक वैज्ञानिक शोधों से भी यह सिद्ध हो रहा है कि संगीत का प्रभाव मानव शरीर और मन पर पड़ता है। संगीत सुनने से मस्तिष्क में एंडोर्फिन नामक रसायन का स्राव होता है, जो तनाव को कम करता है और सुख की अनुभूति प्रदान करता है।

नाद चिकित्सा न केवल शारीरिक रोगों, बल्कि मानसिक रोगों (तनाव, अवसाद, चिंता आदि) के उपचार में भी प्रभावी है। यह चिकित्सा पद्धति दवाओं के दुष्प्रभावों से मुक्त है और प्राकृतिक रूप से रोगों का उपचार करती है।

नाद योग और आधुनिक विज्ञान

आधुनिक विज्ञान भी नाद योग के सिद्धांतों की पुष्टि कर रहा है। क्वांटम भौतिकी के अनुसार, ब्रह्मांड में हर वस्तु एक निश्चित आवृत्ति पर कंपन करती है और इन कंपनों से ही ऊर्जा उत्पन्न होती है। यह सिद्धांत नाद योग के उस सिद्धांत से मिलता-जुलता है, जिसके अनुसार ब्रह्मांड नाद से ही उत्पन्न हुआ है।

आधुनिक विज्ञान यह भी बताता है कि ध्वनि तरंगें मानव शरीर के विभिन्न अंगों और कोशिकाओं पर प्रभाव डालती हैं। विशेष प्रकार की ध्वनि तरंगें शरीर के विभिन्न अंगों की कार्यप्रणाली को प्रभावित कर सकती हैं और उनके कार्य को सुधार सकती हैं।

साइमेटिक्स (Cymatics) नामक विज्ञान ध्वनि तरंगों के प्रभाव का अध्ययन करता है। इसके अनुसार, विभिन्न आवृत्तियों की ध्वनि तरंगें विभिन्न प्रकार के ज्यामितीय पैटर्न बनाती हैं। ये पैटर्न प्राचीन यंत्रों और मंडलों से मिलते-जुलते हैं, जिन्हें ध्यान के लिए प्रयोग किया जाता है।

इस प्रकार, आधुनिक विज्ञान और नाद योग के सिद्धांत एक-दूसरे की पुष्टि करते हैं और यह सिद्ध करते हैं कि प्राचीन ऋषियों का ज्ञान वैज्ञानिक सत्य पर आधारित था।

नाद योग साधना के लाभ

नाद योग की साधना से अनेक लाभ प्राप्त होते हैं, जो निम्नलिखित हैं:

1. आध्यात्मिक लाभ

नाद योग साधना से आध्यात्मिक उन्नति होती है और साधक को परम तत्व की अनुभूति होती है। इससे साधक का चित्त शुद्ध और एकाग्र होता है और वह समाधि की अवस्था प्राप्त करता है।

हठयोग प्रदीपिका में कहा गया है:

> "नादानुसंधानेनैव चित्तं लीयते निश्चलम्।
> निश्चलत्वं च चित्तस्य मोक्षमार्गस्य कारणम्॥"

अर्थात्, "नाद के अनुसंधान से ही चित्त निश्चल होकर लीन हो जाता है। चित्त की निश्चलता ही मोक्ष मार्ग का कारण है।"

2. मानसिक लाभ

नाद योग साधना से मानसिक शांति और एकाग्रता प्राप्त होती है। इससे तनाव, चिंता, अवसाद आदि मानसिक समस्याएँ दूर होती हैं और मन प्रसन्न रहता है।

3. शारीरिक लाभ

नाद योग साधना से शारीरिक स्वास्थ्य में सुधार होता है। इससे रक्तचाप नियंत्रित रहता है, पाचन क्रिया सुधरती है, नींद की गुणवत्ता बढ़ती है और प्रतिरक्षा प्रणाली मजबूत होती है।

4. सामाजिक लाभ

नाद योग साधना से व्यक्ति का व्यवहार सौम्य और सहनशील होता है। इससे पारिवारिक और सामाजिक संबंध सुधरते हैं और समाज में शांति और सद्भाव का वातावरण बनता है।

नाद योग साधना के लिए आवश्यक नियम

नाद योग की साधना के लिए कुछ नियमों का पालन करना आवश्यक है, जो निम्नलिखित हैं:

1. शुद्ध आहार-विहार

नाद योग साधना के लिए शुद्ध और सात्विक आहार का सेवन करना चाहिए। मांस, मदिरा, तंबाकू आदि का सेवन नहीं करना चाहिए। नियमित दिनचर्या और पर्याप्त नींद भी आवश्यक है।

2. शारीरिक और मानसिक शुद्धि

नाद योग साधना से पहले शारीरिक और मानसिक शुद्धि आवश्यक है। इसके लिए षट्कर्म (धौति, बस्ति, नेति, त्राटक, नौली और कपालभाति) का अभ्यास करना चाहिए।

3. आसन और प्राणायाम

नाद योग साधना से पहले आसन और प्राणायाम का अभ्यास करना चाहिए। इससे शरीर स्थिर और प्राण नियंत्रित होते हैं, जो नाद योग के लिए आवश्यक है।

4. एकांत और शांत वातावरण

नाद योग साधना के लिए एकांत और शांत वातावरण आवश्यक है। शोर-शराबे और व्यस्तता से दूर रहकर साधना करनी चाहिए।

5. गुरु का मार्गदर्शन

नाद योग साधना के लिए गुरु का मार्गदर्शन अत्यंत आवश्यक है। गुरु के बिना साधना में अनेक बाधाएँ आ सकती हैं और साधक भटक सकता है।

निष्कर्ष

नाद योग भारतीय योग परंपरा की एक महत्वपूर्ण शाखा है, जो ध्वनि या संगीत के माध्यम से परम तत्व की अनुभूति कराती है। इसके सिद्धांत और साधना पद्धतियाँ आज भी प्रासंगिक हैं और आधुनिक विज्ञान भी इनकी पुष्टि कर रहा है।

आध्यात्मिक संगीत के विभिन्न रूप (ध्रुपद, ख्याल, ठुमरी, भजन, कीर्तन, सूफी संगीत आदि) नाद योग के सिद्धांतों पर आधारित हैं और साधक को आध्यात्मिक अनुभूति प्रदान करते हैं।

नाद योग साधना से न केवल आध्यात्मिक उन्नति, बल्कि मानसिक शांति, शारीरिक स्वास्थ्य और सामाजिक सद्भाव भी प्राप्त होता है। इसलिए आधुनिक समय में भी नाद योग का महत्व बना हुआ है और यह मानव जीवन को समग्र रूप से समृद्ध बनाता है।

हमें अपने प्राचीन ज्ञान और परंपराओं का सम्मान करना चाहिए और उन्हें आधुनिक संदर्भ में समझकर अपने जीवन में उतारना चाहिए। नाद योग और आध्यात्मिक संगीत हमारी समृद्ध सांस्कृतिक विरासत हैं, जिन्हें संरक्षित और संवर्धित करना हमारा कर्तव्य है।

अध्याय 7: मंत्रों की ध्वनि और स्वर विज्ञान

प्रस्तावना

भारतीय संस्कृति में मंत्रों का विशेष महत्व रहा है। मंत्र केवल शब्दों का समूह नहीं, बल्कि ध्वनि विज्ञान पर आधारित एक वैज्ञानिक प्रणाली है। प्राचीन ऋषियों ने अपनी तपस्या और अनुभव के आधार पर मंत्रों की रचना की, जिनमें विशिष्ट ध्वनियों और स्वरों का प्रयोग किया गया। ये मंत्र न केवल आध्यात्मिक उन्नति के लिए, बल्कि मानसिक और शारीरिक स्वास्थ्य के लिए भी लाभदायक हैं। इस अध्याय में हम मंत्रों की ध्वनि, उनके स्वर विज्ञान और उनके प्रभावों का विस्तृत अध्ययन करेंगे।

मंत्र का अर्थ और परिभाषा

'मंत्र' शब्द संस्कृत की 'मन्' धातु से बना है, जिसका अर्थ है 'मनन करना' या 'चिंतन करना'। मंत्र वह है जिसका मनन किया जाए, जिस पर गहन चिंतन किया जाए। मंत्र शब्द की एक अन्य व्युत्पत्ति 'मननात् त्रायते इति मंत्रः' से भी की जाती है, अर्थात् जो मनन से रक्षा करे, वह मंत्र है।

प्राचीन ग्रंथों में मंत्र की विभिन्न परिभाषाएँ मिलती हैं। मनुस्मृति में कहा गया है:

"मननात् त्रायते यस्मात् तस्मान्मंत्र इति स्मृतः।"

अर्थात्, "जिससे मनन करके रक्षा होती है, उसे मंत्र कहा जाता है।"

तंत्रशास्त्र में मंत्र की परिभाषा इस प्रकार दी गई है:

"मननं त्राणकरणं मंत्र इत्यभिधीयते।"

अर्थात्, "मनन और त्राण (रक्षा) करने वाला मंत्र कहलाता है।"

96

आधुनिक विद्वानों ने भी मंत्र की विभिन्न परिभाषाएँ दी हैं डॉ. राधाकृष्णन के अनुसार, "मंत्र एक ऐसा शब्द या वाक्य है जिसका उच्चारण विशेष विधि से किया जाता है और जिसका एक निश्चित प्रभाव होता है"

स्वामी विवेकानंद के अनुसार, "मंत्र एक ऐसी ध्वनि है जो मन को एकाग्र करने और आत्मिक शक्ति को जागृत करने में सहायक होती है"

मंत्रों का वर्गीकरण

मंत्रों का वर्गीकरण विभिन्न आधारों पर किया जा सकता है:

1. उद्देश्य के आधार पर

उद्देश्य के आधार पर मंत्रों को निम्नलिखित वर्गों में विभाजित किया जा सकता है:

क. साधना मंत्र

ये मंत्र आध्यात्मिक उन्नति और आत्म-साक्षात्कार के लिए प्रयोग किए जाते हैं गायत्री मंत्र, महामृत्युंजय मंत्र, ओंकार आदि इस श्रेणी में आते हैं

ख. स्तुति मंत्र

ये मंत्र देवी-देवताओं की स्तुति के लिए प्रयोग किए जाते हैं विभिन्न स्तोत्र, आरती, चालीसा आदि इस श्रेणी में आते हैं

ग. सिद्धि मंत्र

ये मंत्र विशिष्ट सिद्धियों (शक्तियों) की प्राप्ति के लिए प्रयोग किए जाते हैं तंत्र शास्त्र में वर्णित अनेक मंत्र इस श्रेणी में आते हैं

घ. चिकित्सा मंत्र

ये मंत्र रोगों के उपचार के लिए प्रयोग किए जाते हैं आयुर्वेद और तंत्र शास्त्र में अनेक चिकित्सा मंत्रों का वर्णन मिलता है

2. देवता के आधार पर

देवता के आधार पर मंत्रों को विभिन्न वर्गों में विभाजित किया जा सकता है, जैसे शिव मंत्र, विष्णु मंत्र, देवी मंत्र, गणेश मंत्र, सूर्य मंत्र आदि।

3. वर्णों की संख्या के आधार पर

वर्णों की संख्या के आधार पर मंत्रों को निम्नलिखित वर्गों में विभाजित किया जा सकता है:

क. एकाक्षर मंत्र

ये मंत्र एक ही अक्षर के होते हैं, जैसे 'ॐ', 'ह्रीं', 'क्लीं', 'श्रीं' आदि।

ख. द्व्यक्षर मंत्र

ये मंत्र दो अक्षरों के होते हैं, जैसे 'सोऽहम्', 'ह्रीं श्रीं' आदि।

ग. त्र्यक्षर मंत्र

ये मंत्र तीन अक्षरों के होते हैं, जैसे 'ॐ नमः', 'ऐं क्लीं' आदि।

घ. चतुरक्षर मंत्र

ये मंत्र चार अक्षरों के होते हैं, जैसे 'ॐ ह्रीं क्लीं' आदि।

ङ. पंचाक्षर मंत्र

ये मंत्र पाँच अक्षरों के होते हैं, जैसे 'नमः शिवाय', 'ॐ नमो नमः' आदि।

च. षडक्षर मंत्र

ये मंत्र छः अक्षरों के होते हैं, जैसे 'ॐ नमो शिवाय' आदि।

छ. सप्ताक्षर मंत्र

ये मंत्र सात अक्षरों के होते हैं, जैसे 'ॐ ह्रीं क्लीं चामुण्डायै' आदि

ज. अष्टाक्षर मंत्र

ये मंत्र आठ अक्षरों के होते हैं, जैसे 'ॐ नमो नारायणाय' आदि

झ. नवाक्षर मंत्र

ये मंत्र नौ अक्षरों के होते हैं, जैसे 'ॐ ऐं ह्रीं क्लीं चामुण्डायै' आदि

ञ. दशाक्षर मंत्र

ये मंत्र दस अक्षरों के होते हैं, जैसे 'ॐ नमो भगवते वासुदेवाय' आदि

मंत्रों की ध्वनि विज्ञान

मंत्रों की ध्वनि विज्ञान का अध्ययन अत्यंत रोचक और महत्वपूर्ण है। प्राचीन ऋषियों ने अपनी तपस्या और अनुभव के आधार पर यह जाना कि विभिन्न ध्वनियाँ मानव शरीर और मन पर विभिन्न प्रकार के प्रभाव डालती हैं। उन्होंने इन ध्वनियों को मंत्रों के रूप में संगठित किया, जिससे उनका प्रभाव अधिक शक्तिशाली हो सके।

1. स्वर और व्यंजन का प्रभाव

संस्कृत भाषा में 16 स्वर और 36 व्यंजन हैं। प्रत्येक स्वर और व्यंजन का उच्चारण एक विशिष्ट स्थान से होता है और इसका प्रभाव शरीर के विभिन्न अंगों और चक्रों पर पड़ता है।

स्वरों का प्रभाव

- अ: मूलाधार चक्र पर प्रभाव - आ: स्वाधिष्ठान चक्र पर प्रभाव - इ, ई: मणिपुर चक्र पर प्रभाव - उ, ऊ: अनाहत चक्र पर प्रभाव - ऋ, ॠ: विशुद्ध चक्र पर प्रभाव - ए, ऐ: आज्ञा चक्र पर प्रभाव - ओ, औ: सहस्रार चक्र पर प्रभाव - अं, अः: सहस्रार से परे के क्षेत्र पर प्रभाव

व्यंजनों का प्रभाव

व्यंजनों को पाँच वर्गों में विभाजित किया गया है, जिन्हें 'पंचवर्ग' कहा जाता है:

- क वर्ग (क, ख, ग, घ, ङ): मूलाधार चक्र पर प्रभाव - च वर्ग (च, छ, ज, झ, ञ): स्वाधिष्ठान चक्र पर प्रभाव - ट वर्ग (ट, ठ, ड, ढ, ण): मणिपुर चक्र पर प्रभाव - त वर्ग (त, थ, द, ध, न): अनाहत चक्र पर प्रभाव - प वर्ग (प, फ, ब, भ, म): विशुद्ध चक्र पर प्रभाव

अन्य व्यंजन (य, र, ल, व, श, ष, स, ह, क्ष, त्र, ज्ञ) विभिन्न चक्रों पर प्रभाव डालते हैं

2. बीज मंत्र

बीज मंत्र एकाक्षर मंत्र होते हैं, जिन्हें 'बीज' इसलिए कहा जाता है क्योंकि जैसे एक बीज में पूरे वृक्ष की संभावना होती है, वैसे ही इन मंत्रों में अपार शक्ति निहित होती है। प्रमुख बीज मंत्र निम्नलिखित हैं:

- ॐ (ओंकार): यह सबसे प्राचीन और शक्तिशाली बीज मंत्र है, जिसे 'प्रणव' भी कहा जाता है। यह ब्रह्मांड की मूल ध्वनि है और सभी मंत्रों का आधार है।

- ह्रीं: यह माया बीज है, जो भ्रांति और मोह को दूर करता है।

- क्लीं: यह काम बीज है, जो इच्छा शक्ति को जागृत करता है।

- श्रीं: यह लक्ष्मी बीज है, जो समृद्धि और सौभाग्य प्रदान करता है।

- ऐं: यह वाक् बीज है, जो वाणी और बुद्धि को शक्ति प्रदान करता है।

- हौं: यह शिव बीज है, जो आत्मिक शक्ति प्रदान करता है।

- फट्: यह अस्त्र बीज है, जो नकारात्मक ऊर्जाओं से रक्षा करता है।

3. मंत्रों का उच्चारण

मंत्रों का उच्चारण अत्यंत महत्वपूर्ण है। सही उच्चारण से ही मंत्र अपना प्रभाव दिखाते हैं। मंत्रों के उच्चारण के तीन प्रमुख प्रकार हैं:

क. वाचिक जप

इसमें मंत्र का उच्चारण मुख से किया जाता है, जिसे दूसरे भी सुन सकें। इससे वातावरण में सकारात्मक ऊर्जा का संचार होता है।

ख. उपांशु जप

इसमें मंत्र का उच्चारण होठों से किया जाता है, लेकिन इतनी धीमी आवाज में कि दूसरे न सुन सकें। इससे मन एकाग्र होता है और आंतरिक शक्ति बढ़ती है।

ग. मानसिक जप

इसमें मंत्र का उच्चारण मन ही मन में किया जाता है, बिना होठों को हिलाए। यह सबसे शक्तिशाली जप माना जाता है, क्योंकि इसमें मन पूरी तरह एकाग्र होता है।

4. मंत्रों का स्वर और लय

मंत्रों का उच्चारण विशिष्ट स्वर और लय में किया जाता है। स्वर और लय का प्रभाव मंत्र की शक्ति पर पड़ता है। मंत्रों के उच्चारण में तीन प्रमुख स्वर हैं:

क. उदात्त स्वर

यह ऊँचा स्वर होता है, जिसमें मंत्र का उच्चारण ऊँची आवाज में किया जाता है। इससे वातावरण में ऊर्जा का संचार होता है।

ख. अनुदात्त स्वर

यह नीचा स्वर होता है, जिसमें मंत्र का उच्चारण धीमी आवाज में किया जाता है। इससे मन शांत और एकाग्र होता है।

ग. स्वरित स्वर

यह मिश्रित स्वर होता है, जिसमें उदात्त और अनुदात्त दोनों स्वरों का मिश्रण होता है। इससे मन और शरीर दोनों पर संतुलित प्रभाव पड़ता है।

मंत्रों के उच्चारण में लय भी महत्वपूर्ण है। लय तीन प्रकार की होती है:

क. विलंबित लय

यह धीमी लय होती है, जिसमें मंत्र का उच्चारण धीरे-धीरे किया जाता है। इससे मन शांत और एकाग्र होता है।

ख. मध्य लय

यह मध्यम लय होती है, जिसमें मंत्र का उच्चारण न बहुत तेज और न बहुत धीमा होता है। इससे मन और शरीर दोनों पर संतुलित प्रभाव पड़ता है।

ग. द्रुत लय

यह तेज लय होती है, जिसमें मंत्र का उच्चारण तेजी से किया जाता है। इससे ऊर्जा का संचार होता है और शरीर में चैतन्य आता है।

प्रमुख मंत्र और उनका स्वर विज्ञान

भारतीय संस्कृति में अनेक मंत्र प्रचलित हैं, जिनका अपना विशिष्ट स्वर विज्ञान है। इनमें से कुछ प्रमुख मंत्र और उनका स्वर विज्ञान निम्नलिखित है:

1. ओंकार (ॐ)

ओंकार सबसे प्राचीन और शक्तिशाली मंत्र है, जिसे 'प्रणव' भी कहा जाता है। यह ब्रह्मांड की मूल ध्वनि है और सभी मंत्रों का आधार है। ओंकार तीन ध्वनियों से मिलकर बना है:

- अ: सृष्टि का प्रतीक, ब्रह्मा का प्रतिनिधित्व करता है। - उ: स्थिति का प्रतीक, विष्णु का प्रतिनिधित्व करता है। - म: लय का प्रतीक, शिव का प्रतिनिधित्व करता है

इन तीनों ध्वनियों के मिलने से 'ओम्' ध्वनि उत्पन्न होती है, जो ब्रह्मांड की मूल ध्वनि है ओंकार का उच्चारण करते समय 'अ' ध्वनि नाभि से, 'उ' ध्वनि कंठ से और 'म' ध्वनि मस्तिष्क से उत्पन्न होती है। इस प्रकार ओंकार का उच्चारण पूरे शरीर को प्रभावित करता है

मांडूक्य उपनिषद में ओंकार का विस्तृत वर्णन मिलता है:

> "ओमित्येतदक्षरमिदं सर्वं तस्योपव्याख्यानं भूतं भवद्भविष्यदिति
> सर्वमोंकार एव"

अर्थात्, "ओम् यह अक्षर सब कुछ है इसकी व्याख्या यह है कि जो कुछ भूत, वर्तमान और भविष्य है, वह सब ओंकार ही है"

2. गायत्री मंत्र

गायत्री मंत्र वेदों का सार माना जाता है और इसे 'वेदमाता' भी कहा जाता है यह ऋग्वेद के तीसरे मंडल के 62वें सूक्त का 10वां मंत्र है:

> "ॐ भूर्भुवः स्वः तत्सवितुर्वरेण्यं भर्गो देवस्य धीमहि धियो यो नः
> प्रचोदयात्॥"

गायत्री मंत्र में 24 अक्षर हैं, जो मानव शरीर के 24 तत्वों का प्रतिनिधित्व करते हैं। इस मंत्र का उच्चारण विशेष स्वर और लय में किया जाता है, जिससे शरीर के सभी चक्र जागृत होते हैं और मन एकाग्र होता है

गायत्री मंत्र के उच्चारण में 'ॐ' ध्वनि सहस्रार चक्र को, 'भूर्भुवः स्वः' मूलाधार से विशुद्ध चक्र तक के चक्रों को, और शेष मंत्र आज्ञा और सहस्रार चक्र को प्रभावित करता है

3. महामृत्युंजय मंत्र

महामृत्युंजय मंत्र शिव का मंत्र है, जिसे 'मृत्यु पर विजय' का मंत्र माना जाता है यह यजुर्वेद के रुद्राध्याय का मंत्र है:

"ॐ त्र्यम्बकं यजामहे सुगन्धिं पुष्टिवर्धनम्। उर्वारुकमिव
बन्धनान्मृत्योर्मुक्षीय माऽमृतात्।।"

महामृत्युंजय मंत्र में 'त्र्यम्बकम्' शब्द तीन नेत्रों वाले शिव का प्रतीक है। इस मंत्र का उच्चारण विशेष स्वर और लय में किया जाता है, जिससे शरीर में प्राण ऊर्जा का संचार होता है और रोग प्रतिरोधक क्षमता बढ़ती है।

महामृत्युंजय मंत्र के उच्चारण में 'ॐ' ध्वनि सहस्रार चक्र को, 'त्र्यम्बकम्' आज्ञा चक्र को, 'यजामहे' विशुद्ध चक्र को, 'सुगन्धिम्' अनाहत चक्र को, 'पुष्टिवर्धनम्' मणिपुर चक्र को, 'उर्वारुकमिव' स्वाधिष्ठान चक्र को, और 'बन्धनान्मृत्योर्मुक्षीय माऽमृतात्' मूलाधार चक्र को प्रभावित करता है।

4. हरे कृष्ण महामंत्र

हरे कृष्ण महामंत्र वैष्णव परंपरा का प्रमुख मंत्र है, जिसे 'कलियुग का तारक मंत्र' माना जाता है:

"हरे कृष्ण हरे कृष्ण कृष्ण कृष्ण हरे हरे। हरे राम हरे राम राम राम हरे
हरे।।"

इस मंत्र में 16 नाम हैं, जो 16 कलाओं का प्रतिनिधित्व करते हैं। इस मंत्र का उच्चारण विशेष लय और ताल में किया जाता है, जिससे मन में भक्ति भाव जागृत होता है और आत्मिक आनंद की अनुभूति होती है।

हरे कृष्ण महामंत्र के उच्चारण में 'हरे' ध्वनि आनंद की अनुभूति कराती है, 'कृष्ण' ध्वनि आकर्षण और प्रेम का भाव जगाती है, और 'राम' ध्वनि आत्मिक शांति प्रदान करती है।

5. शांति मंत्र

शांति मंत्र उपनिषदों का प्रसिद्ध मंत्र है, जिसे शांति और सद्भाव के लिए जपा जाता है:

"ॐ सह नाववतु सह नौ भुनक्तु सह वीर्यं करवावहै

तेजस्विनावधीतमस्तु मा विद्विषावहै ॐ शांतिः शांतिः शांतिः॥"

इस मंत्र का उच्चारण विशेष स्वर और लय में किया जाता है, जिससे मन में शांति और सद्भाव का भाव जागृत होता है। 'ॐ शांतिः शांतिः शांतिः' का तीन बार उच्चारण तीन प्रकार के तापों (आध्यात्मिक, आधिभौतिक और आधिदैविक) से मुक्ति का प्रतीक है।

मंत्रों का संगीत से संबंध

मंत्र और संगीत का गहरा संबंध है। दोनों ही ध्वनि पर आधारित हैं और दोनों का प्रभाव मानव मन और शरीर पर पड़ता है। मंत्रों का उच्चारण विशिष्ट स्वर और लय में किया जाता है, जो संगीत के मूल तत्व हैं।

1. मंत्र और स्वर

मंत्रों का उच्चारण विशिष्ट स्वरों में किया जाता है। प्राचीन काल में मंत्रों का उच्चारण तीन स्वरों (उदात्त, अनुदात्त और स्वरित) में किया जाता था। बाद में सामवेद में मंत्रों का गायन सात स्वरों (षड्ज, ऋषभ, गांधार, मध्यम, पंचम, धैवत और निषाद) में किया जाने लगा।

प्रत्येक मंत्र का अपना विशिष्ट स्वर होता है, जिसमें उसका उच्चारण सबसे अधिक प्रभावशाली होता है। उदाहरण के लिए, गायत्री मंत्र का उच्चारण मध्यम स्वर में, महामृत्युंजय मंत्र का उच्चारण निषाद स्वर में, और ओंकार का उच्चारण षड्ज स्वर में सबसे अधिक प्रभावशाली होता है।

2. मंत्र और राग

प्राचीन काल से ही मंत्रों का गायन विभिन्न रागों में किया जाता रहा है। प्रत्येक राग का अपना विशिष्ट प्रभाव होता है, जो मंत्र के प्रभाव को बढ़ाता है। उदाहरण के लिए:

- गायत्री मंत्र: राग भैरव में - महामृत्युंजय मंत्र: राग भीमपलासी में - ओंकार: राग दरबारी में - हरे कृष्ण महामंत्र: राग यमन में - शांति मंत्र: राग तोड़ी में

इन रागों में मंत्रों का गायन करने से उनका प्रभाव कई गुना बढ़ जाता है और साधक को गहन आध्यात्मिक अनुभूति होती है।

3. मंत्र और ताल

मंत्रों का उच्चारण विशिष्ट ताल में किया जाता है, जो मंत्र के प्रभाव को बढ़ाता है। प्रत्येक मंत्र का अपना विशिष्ट ताल होता है, जिसमें उसका उच्चारण सबसे अधिक प्रभावशाली होता है। उदाहरण के लिए:

- गायत्री मंत्र: आदि ताल (16 मात्रा) में - महामृत्युंजय मंत्र: रूपक ताल (7 मात्रा) में - ओंकार: एकताल (12 मात्रा) में - हरे कृष्ण महामंत्र: केहरवा ताल (8 मात्रा) में - शांति मंत्र: झपताल (10 मात्रा) में

इन तालों में मंत्रों का उच्चारण करने से उनका प्रभाव कई गुना बढ़ जाता है और साधक को गहन आध्यात्मिक अनुभूति होती है।

मंत्रों की ध्वनि का मानव शरीर पर प्रभाव

मंत्रों की ध्वनि का मानव शरीर पर गहरा प्रभाव पड़ता है। विभिन्न मंत्रों की ध्वनियाँ शरीर के विभिन्न अंगों और चक्रों को प्रभावित करती हैं और उनमें ऊर्जा का संचार करती हैं।

1. चक्रों पर प्रभाव

मानव शरीर में सात प्रमुख चक्र हैं, जो ऊर्जा के केंद्र हैं। मंत्रों की ध्वनि इन चक्रों को प्रभावित करती है और उन्हें जागृत करती है:

क. मूलाधार चक्र

यह चक्र रीढ़ की हड्डी के निचले सिरे पर स्थित है और जीवन शक्ति का केंद्र है। इस चक्र पर 'लं' बीज मंत्र का प्रभाव पड़ता है। इस मंत्र के उच्चारण से मूलाधार चक्र जागृत होता है और शरीर में ऊर्जा का संचार होता है।

ख. स्वाधिष्ठान चक्र

यह चक्र नाभि के नीचे स्थित है और रचनात्मकता और यौन ऊर्जा का केंद्र है। इस चक्र पर 'वं' बीज मंत्र का प्रभाव पड़ता है। इस मंत्र के उच्चारण से स्वाधिष्ठान चक्र जागृत होता है और रचनात्मकता बढ़ती है।

ग. मणिपुर चक्र

यह चक्र नाभि के पास स्थित है और आत्मविश्वास और शक्ति का केंद्र है। इस चक्र पर 'रं' बीज मंत्र का प्रभाव पड़ता है। इस मंत्र के उच्चारण से मणिपुर चक्र जागृत होता है और आत्मविश्वास बढ़ता है।

घ. अनाहत चक्र

यह चक्र हृदय के पास स्थित है और प्रेम और करुणा का केंद्र है। इस चक्र पर 'यं' बीज मंत्र का प्रभाव पड़ता है। इस मंत्र के उच्चारण से अनाहत चक्र जागृत होता है और प्रेम और करुणा का भाव बढ़ता है।

ङ. विशुद्ध चक्र

यह चक्र कंठ के पास स्थित है और अभिव्यक्ति और संचार का केंद्र है। इस चक्र पर 'हं' बीज मंत्र का प्रभाव पड़ता है। इस मंत्र के उच्चारण से विशुद्ध चक्र जागृत होता है और अभिव्यक्ति की क्षमता बढ़ती है।

च. आज्ञा चक्र

यह चक्र भौंहों के बीच स्थित है और अंतर्दृष्टि और ज्ञान का केंद्र है। इस चक्र पर 'ॐ' बीज मंत्र का प्रभाव पड़ता है। इस मंत्र के उच्चारण से आज्ञा चक्र जागृत होता है और अंतर्दृष्टि और ज्ञान बढ़ता है।

छ. सहस्रार चक्र

यह चक्र सिर के ऊपरी भाग में स्थित है और आध्यात्मिक जागृति का केंद्र है। इस चक्र पर 'ॐ' बीज मंत्र का प्रभाव पड़ता है। इस मंत्र के उच्चारण से सहस्रार चक्र जागृत होता है और आध्यात्मिक जागृति होती है।

2. नाड़ियों पर प्रभाव

मानव शरीर में 72,000 नाड़ियाँ हैं, जिनमें से तीन प्रमुख नाड़ियाँ हैं: इड़ा, पिंगला और सुषुम्ना। मंत्रों की ध्वनि इन नाड़ियों को प्रभावित करती है और उनमें प्राण ऊर्जा का संचार करती है।

क. इड़ा नाड़ी

यह नाड़ी बाएँ नासिका छिद्र से शुरू होकर रीढ़ की हड्डी के बाईं ओर से होते हुए मूलाधार चक्र तक जाती है। यह चंद्र नाड़ी है और शीतलता प्रदान करती है। 'ठंडे' स्वरों (उ, ऊ, ए, ऐ) वाले मंत्रों का प्रभाव इड़ा नाड़ी पर पड़ता है।

ख. पिंगला नाड़ी

यह नाड़ी दाएँ नासिका छिद्र से शुरू होकर रीढ़ की हड्डी के दाईं ओर से होते हुए मूलाधार चक्र तक जाती है। यह सूर्य नाड़ी है और ऊष्मा प्रदान करती है। 'गर्म' स्वरों (अ, आ, ओ, औ) वाले मंत्रों का प्रभाव पिंगला नाड़ी पर पड़ता है।

ग. सुषुम्ना नाड़ी

यह नाड़ी रीढ़ की हड्डी के मध्य से होकर मूलाधार चक्र से सहस्रार चक्र तक जाती है। यह मुख्य नाड़ी है और कुंडलिनी शक्ति का मार्ग है। 'ॐ' और अन्य बीज मंत्रों का प्रभाव सुषुम्ना नाड़ी पर पड़ता है।

3. ग्रंथियों पर प्रभाव

मानव शरीर में अनेक ग्रंथियाँ हैं, जो विभिन्न हार्मोन्स का स्राव करती हैं। मंत्रों की ध्वनि इन ग्रंथियों को प्रभावित करती है और उनके कार्य को नियंत्रित करती है।

क. पीनियल ग्रंथि

यह ग्रंथि मस्तिष्क में स्थित है और मेलाटोनिन हार्मोन का स्राव करती है, जो नींद और जागरण चक्र को नियंत्रित करता है। 'ॐ' और अन्य बीज मंत्रों का प्रभाव पीनियल ग्रंथि पर पड़ता है।

ख. पिट्यूटरी ग्रंथि

यह ग्रंथि मस्तिष्क में स्थित है और अनेक हार्मोन्स का स्राव करती है, जो शरीर के विभिन्न कार्यों को नियंत्रित करते हैं। 'ॐ' और अन्य बीज मंत्रों का प्रभाव पिट्यूटरी ग्रंथि पर पड़ता है।

ग. थाइरॉयड ग्रंथि

यह ग्रंथि गले में स्थित है और थाइरॉक्सिन हार्मोन का स्राव करती है, जो चयापचय (मेटाबॉलिज्म) को नियंत्रित करता है। 'हं' बीज मंत्र का प्रभाव थाइरॉयड ग्रंथि पर पड़ता है।

घ. थाइमस ग्रंथि

यह ग्रंथि छाती में स्थित है और प्रतिरक्षा प्रणाली को नियंत्रित करती है। 'यं' बीज मंत्र का प्रभाव थाइमस ग्रंथि पर पड़ता है।

ङ. अग्न्याशय (पैंक्रियाज)

यह ग्रंथि पेट में स्थित है और इंसुलिन हार्मोन का स्राव करती है, जो रक्त शर्करा को नियंत्रित करता है। 'रं' बीज मंत्र का प्रभाव अग्न्याशय पर पड़ता है।

च. अधिवृक्क (एड्रिनल) ग्रंथि

यह ग्रंथि गुर्दे के ऊपर स्थित है और एड्रिनलिन हार्मोन का स्राव करती है, जो तनाव प्रतिक्रिया को नियंत्रित करता है। 'वं' बीज मंत्र का प्रभाव अधिवृक्क ग्रंथि पर पड़ता है।

छ. जनन ग्रंथियाँ

ये ग्रंथियाँ पेट के निचले हिस्से में स्थित हैं और यौन हार्मोन्स का स्राव करती हैं। 'लं' बीज मंत्र का प्रभाव जनन ग्रंथियों पर पड़ता है।

मंत्रों की ध्वनि का मानव मन पर प्रभाव

मंत्रों की ध्वनि का मानव मन पर गहरा प्रभाव पड़ता है। विभिन्न मंत्रों की ध्वनियाँ मन की विभिन्न अवस्थाओं को प्रभावित करती हैं और मानसिक शांति और एकाग्रता प्रदान करती हैं।

1. मन की अवस्थाएँ और मंत्र

योग शास्त्र के अनुसार, मन की पाँच अवस्थाएँ होती हैं:

क. क्षिप्त अवस्था

इस अवस्था में मन अत्यंत चंचल और अस्थिर होता है। इस अवस्था में मंत्रों का जप मन को शांत और स्थिर करने में सहायक होता है। 'ॐ शांतिः शांतिः शांतिः' जैसे शांति मंत्रों का जप विशेष रूप से लाभदायक होता है।

ख. मूढ़ अवस्था

इस अवस्था में मन सुस्त और आलसी होता है। इस अवस्था में तेज लय वाले मंत्रों का जप मन को सक्रिय और जागृत करने में सहायक होता है। 'ॐ ह्रीं क्लीं' जैसे बीज मंत्रों का जप विशेष रूप से लाभदायक होता है।

ग. विक्षिप्त अवस्था

इस अवस्था में मन कभी स्थिर और कभी अस्थिर होता है। इस अवस्था में मध्य लय वाले मंत्रों का जप मन को स्थिर और एकाग्र करने में सहायक होता है। गायत्री मंत्र जैसे मंत्रों का जप विशेष रूप से लाभदायक होता है।

घ. एकाग्र अवस्था

इस अवस्था में मन एकाग्र और स्थिर होता है। इस अवस्था में गहन ध्यान वाले मंत्रों का जप मन को और अधिक एकाग्र और स्थिर करने में सहायक होता है। 'सोऽहम्' जैसे मंत्रों का जप विशेष रूप से लाभदायक होता है।

ङ. निरुद्ध अवस्था

इस अवस्था में मन पूर्णतः नियंत्रित और शांत होता है। इस अवस्था में मंत्रों का जप मन को समाधि की अवस्था में ले जाने में सहायक होता है। 'अहं ब्रह्मास्मि' जैसे मंत्रों का जप विशेष रूप से लाभदायक होता है।

2. मंत्रों का मनोवैज्ञानिक प्रभाव

मंत्रों का मनोवैज्ञानिक प्रभाव अत्यंत गहरा होता है। मंत्रों के निरंतर जप से मन में निम्नलिखित परिवर्तन होते हैं:

क. एकाग्रता में वृद्धि

मंत्रों के जप से मन एकाग्र होता है और विचारों की चंचलता कम होती है। मंत्र मन को एक बिंदु पर केंद्रित करने में सहायक होता है, जिससे एकाग्रता बढ़ती है।

ख. तनाव में कमी

मंत्रों के जप से मन शांत होता है और तनाव कम होता है। मंत्रों की ध्वनि मस्तिष्क में अल्फा तरंगों को उत्पन्न करती है, जो शांति और आराम की अवस्था से जुड़ी होती हैं।

ग. भावनात्मक संतुलन

मंत्रों के जप से भावनाएँ संतुलित होती हैं और नकारात्मक भावनाएँ (क्रोध, भय, चिंता आदि) कम होती हैं। मंत्रों की ध्वनि मस्तिष्क में सेरोटोनिन और डोपामिन जैसे न्यूरोट्रांसमीटर्स के स्राव को बढ़ाती है, जो सुख और संतोष की अनुभूति कराते हैं।

घ. आत्मविश्वास में वृद्धि

मंत्रों के जप से आत्मविश्वास बढ़ता है और आत्म-सम्मान में वृद्धि होती है। मंत्रों की ध्वनि मन में सकारात्मक विचारों को जन्म देती है, जिससे आत्मविश्वास बढ़ता है।

ङ. स्मृति में सुधार

मंत्रों के जप से स्मृति शक्ति बढ़ती है और याददाश्त में सुधार होता है। मंत्रों की ध्वनि मस्तिष्क की कोशिकाओं को सक्रिय करती है, जिससे स्मृति शक्ति बढ़ती है।

च. सृजनात्मकता में वृद्धि

मंत्रों के जप से सृजनात्मकता बढ़ती है और नए विचारों का जन्म होता है। मंत्रों की ध्वनि मस्तिष्क के दाएँ और बाएँ गोलार्ध के बीच संतुलन स्थापित करती है, जिससे सृजनात्मकता बढ़ती है।

मंत्र चिकित्सा

मंत्र चिकित्सा एक प्राचीन चिकित्सा पद्धति है, जिसमें मंत्रों की ध्वनि का प्रयोग करके विभिन्न रोगों का उपचार किया जाता है। यह चिकित्सा पद्धति आयुर्वेद और तंत्र शास्त्र पर आधारित है और इसका प्रयोग प्राचीन काल से ही किया जाता रहा है।

1. मंत्र चिकित्सा के सिद्धांत

मंत्र चिकित्सा के प्रमुख सिद्धांत निम्नलिखित हैं:

क. ध्वनि और ऊर्जा का सिद्धांत

इस सिद्धांत के अनुसार, हर वस्तु एक निश्चित आवृत्ति पर कंपन करती है। जब किसी वस्तु की प्राकृतिक आवृत्ति में विकार आता है, तो रोग उत्पन्न होता है। मंत्रों की ध्वनि इस विकृत आवृत्ति को सामान्य करती है, जिससे रोग दूर होता है।

ख. चक्र और नाड़ी सिद्धांत

इस सिद्धांत के अनुसार, मानव शरीर में सात प्रमुख चक्र और 72,000 नाड़ियाँ हैं जब इन चक्रों और नाड़ियों में ऊर्जा का प्रवाह अवरुद्ध होता है, तो रोग उत्पन्न होता है मंत्रों की ध्वनि इन चक्रों और नाड़ियों में ऊर्जा का प्रवाह सुचारु करती है, जिससे रोग दूर होता है

ग. मन और शरीर का सिद्धांत

इस सिद्धांत के अनुसार, मन और शरीर एक-दूसरे से गहराई से जुड़े हुए हैं मन की अवस्था शरीर को प्रभावित करती है और शरीर की अवस्था मन को प्रभावित करती है मंत्रों की ध्वनि मन को शांत और एकाग्र करती है, जिससे शरीर स्वस्थ होता है

2. मंत्र चिकित्सा की विधियाँ

मंत्र चिकित्सा की प्रमुख विधियाँ निम्नलिखित हैं:

क. मंत्र जप

इसमें रोगी स्वयं या चिकित्सक द्वारा विशिष्ट मंत्रों का जप किया जाता है। मंत्र जप तीन प्रकार से किया जा सकता है: वाचिक (मुख से), उपांशु (होठों से) और मानसिक (मन से)।

ख. मंत्र श्रवण

इसमें रोगी को विशिष्ट मंत्रों को सुनने के लिए कहा जाता है। मंत्रों की ध्वनि रोगी के शरीर और मन पर प्रभाव डालती है और रोग को दूर करती है।

ग. मंत्र लेखन

इसमें विशिष्ट मंत्रों को लिखकर रोगी के शरीर पर या किसी वस्तु पर धारण करने के लिए दिया जाता है। मंत्र लेखन से मंत्र की ऊर्जा रोगी के शरीर में प्रवेश करती है और रोग को दूर करती है

घ. मंत्र स्नान

इसमें विशिष्ट मंत्रों से अभिमंत्रित जल से रोगी को स्नान कराया जाता है। मंत्रित जल रोगी के शरीर में प्रवेश करता है और रोग को दूर करता है।

ङ. मंत्र भोजन

इसमें विशिष्ट मंत्रों से अभिमंत्रित भोजन रोगी को खिलाया जाता है। मंत्रित भोजन रोगी के शरीर में प्रवेश करता है और रोग को दूर करता है।

3. विभिन्न रोगों के लिए मंत्र

विभिन्न रोगों के उपचार के लिए विभिन्न मंत्रों का प्रयोग किया जाता है। कुछ प्रमुख रोग और उनके उपचार के लिए प्रयुक्त मंत्र निम्नलिखित हैं:

क. मानसिक रोग

मानसिक रोगों (तनाव, चिंता, अवसाद आदि) के उपचार के लिए निम्नलिखित मंत्रों का प्रयोग किया जाता है:

- ॐ शांतिः शांतिः शांतिः - ॐ नमो भगवते वासुदेवाय - ॐ त्र्यम्बकं यजामहे (महामृत्युंजय मंत्र)

ख. हृदय रोग

हृदय रोगों के उपचार के लिए निम्नलिखित मंत्रों का प्रयोग किया जाता है:

- ॐ ह्रीं श्रीं क्लीं - ॐ नमः शिवाय - ॐ ऐं ह्रीं क्लीं चामुण्डायै विच्चे

ग. श्वसन रोग

श्वसन रोगों (अस्थमा, ब्रोंकाइटिस आदि) के उपचार के लिए निम्नलिखित मंत्रों का प्रयोग किया जाता है:

- ॐ हं यं रं - ॐ वायवे नमः - ॐ हनुमते नमः

घ. पाचन रोग

पाचन रोगों (अपच, अम्लपित्त, कब्ज आदि) के उपचार के लिए निम्नलिखित मंत्रों का प्रयोग किया जाता है:

- ॐ रं रं रं - ॐ अग्नये नमः - ॐ गं गणपतये नमः

ङ. त्वचा रोग

त्वचा रोगों (एक्जिमा, सोरायसिस आदि) के उपचार के लिए निम्नलिखित मंत्रों का प्रयोग किया जाता है:

- ॐ ह्रीं श्रीं क्लीं - ॐ नमो भगवते वासुदेवाय - ॐ नमः शिवाय

च. स्त्री रोग

स्त्री रोगों के उपचार के लिए निम्नलिखित मंत्रों का प्रयोग किया जाता है:

- ॐ ऐं ह्रीं क्लीं चामुण्डायै विच्चे - ॐ श्रीं ह्रीं क्लीं - ॐ दुं दुर्गायै नमः

छ. बाल रोग

बाल रोगों के उपचार के लिए निम्नलिखित मंत्रों का प्रयोग किया जाता है:

- ॐ नमो भगवते वासुदेवाय - ॐ गं गणपतये नमः - ॐ नमः शिवाय

आधुनिक विज्ञान और मंत्र विज्ञान

आधुनिक विज्ञान भी मंत्र विज्ञान के सिद्धांतों की पुष्टि कर रहा है विभिन्न वैज्ञानिक शोधों से यह सिद्ध हो रहा है कि मंत्रों की ध्वनि का मानव शरीर और मन पर गहरा प्रभाव पड़ता है

1. ध्वनि विज्ञान और मंत्र

ध्वनि विज्ञान के अनुसार, ध्वनि एक प्रकार की ऊर्जा है जो तरंगों के रूप में प्रवाहित होती है ये तरंगें विभिन्न माध्यमों (हवा, पानी, ठोस पदार्थ आदि) से होकर गुजरती हैं और विभिन्न प्रभाव उत्पन्न करती हैं

मंत्रों की ध्वनि भी तरंगों के रूप में प्रवाहित होती है और मानव शरीर और मन पर प्रभाव डालती है। वैज्ञानिक शोधों से यह सिद्ध हो रहा है कि विभिन्न आवृत्तियों की ध्वनि तरंगें मानव शरीर के विभिन्न अंगों और कोशिकाओं पर विभिन्न प्रकार के प्रभाव डालती हैं।

2. न्यूरोसाइंस और मंत्र

न्यूरोसाइंस (तंत्रिका विज्ञान) के अनुसार, मंत्रों की ध्वनि मस्तिष्क की तरंगों को प्रभावित करती है। मंत्रों के जप से मस्तिष्क में अल्फा तरंगें उत्पन्न होती हैं, जो शांति और आराम की अवस्था से जुड़ी होती हैं।

वैज्ञानिक शोधों से यह भी सिद्ध हो रहा है कि मंत्रों के जप से मस्तिष्क में सेरोटोनिन, डोपामिन और एंडोर्फिन जैसे न्यूरोट्रांसमीटर्स का स्राव बढ़ता है, जो सुख, संतोष और आनंद की अनुभूति कराते हैं।

3. साइमेटिक्स और मंत्र

साइमेटिक्स (Cymatics) एक ऐसा विज्ञान है जो ध्वनि तरंगों के प्रभाव का अध्ययन करता है। इसके अनुसार, विभिन्न आवृत्तियों की ध्वनि तरंगें विभिन्न प्रकार के ज्यामितीय पैटर्न बनाती हैं।

वैज्ञानिक शोधों से यह सिद्ध हो रहा है कि मंत्रों की ध्वनि भी विभिन्न प्रकार के ज्यामितीय पैटर्न बनाती है, जो प्राचीन यंत्रों और मंडलों से मिलते-जुलते हैं। ये पैटर्न ऊर्जा के केंद्र होते हैं और मानव शरीर और मन पर प्रभाव डालते हैं।

4. क्वांटम भौतिकी और मंत्र

क्वांटम भौतिकी के अनुसार, ब्रह्मांड में हर वस्तु एक निश्चित आवृत्ति पर कंपन करती है और इन कंपनों से ही ऊर्जा उत्पन्न होती है। यह सिद्धांत मंत्र विज्ञान के उस सिद्धांत से मिलता-जुलता है, जिसके अनुसार हर वस्तु एक निश्चित नाद या ध्वनि से जुड़ी होती है।

वैज्ञानिक शोधों से यह सिद्ध हो रहा है कि मंत्रों की ध्वनि ब्रह्मांडीय ऊर्जा से जुड़ी होती है और इसका प्रभाव मानव शरीर और मन पर पड़ता है।

निष्कर्ष

मंत्रों की ध्वनि और स्वर विज्ञान भारतीय संस्कृति का एक अमूल्य खजाना है। प्राचीन ऋषियों ने अपनी तपस्या और अनुभव के आधार पर मंत्रों की रचना की, जिनमें विशिष्ट ध्वनियों और स्वरों का प्रयोग किया गया। ये मंत्र न केवल आध्यात्मिक उन्नति के लिए, बल्कि मानसिक और शारीरिक स्वास्थ्य के लिए भी लाभदायक हैं।

मंत्रों की ध्वनि का मानव शरीर और मन पर गहरा प्रभाव पड़ता है। विभिन्न मंत्रों की ध्वनियाँ शरीर के विभिन्न अंगों, चक्रों और नाड़ियों को प्रभावित करती हैं और उनमें ऊर्जा का संचार करती हैं। इससे शरीर स्वस्थ रहता है और रोग दूर होते हैं।

मंत्रों की ध्वनि मन को भी प्रभावित करती है। मंत्रों के जप से मन शांत और एकाग्र होता है, तनाव और चिंता दूर होती है, और आत्मविश्वास बढ़ता है। इससे मानसिक स्वास्थ्य में सुधार होता है और जीवन की गुणवत्ता बढ़ती है।

आधुनिक विज्ञान भी मंत्र विज्ञान के सिद्धांतों की पुष्टि कर रहा है। विभिन्न वैज्ञानिक शोधों से यह सिद्ध हो रहा है कि मंत्रों की ध्वनि का मानव शरीर और मन पर गहरा प्रभाव पड़ता है। यह प्राचीन ज्ञान और आधुनिक विज्ञान के बीच एक सेतु का काम करता है।

हमें अपने प्राचीन ज्ञान और परंपराओं का सम्मान करना चाहिए और उन्हें आधुनिक संदर्भ में समझकर अपने जीवन में उतारना चाहिए। मंत्रों की ध्वनि और स्वर विज्ञान हमारी समृद्ध सांस्कृतिक विरासत है, जिसे संरक्षित और संवर्धित करना हमारा कर्तव्य है।

अध्याय 8: तंत्र, योग और संगीत

प्रस्तावना

भारतीय संस्कृति में तंत्र, योग और संगीत का अत्यंत गहरा संबंध रहा है। ये तीनों साधना के महत्वपूर्ण मार्ग हैं, जो साधक को आत्म-साक्षात्कार की ओर ले जाते हैं। तंत्र शक्ति की उपासना का मार्ग है, योग चित्त की एकाग्रता का मार्ग है, और संगीत नाद की साधना का मार्ग है। इन तीनों का समन्वय साधक को परम आनंद की अनुभूति कराता है और उसे मोक्ष के मार्ग पर अग्रसर करता है।

इस अध्याय में हम तंत्र और योग के सिद्धांतों का अध्ययन करेंगे और देखेंगे कि कैसे संगीत इन दोनों साधना मार्गों में महत्वपूर्ण भूमिका निभाता है। हम यह भी जानेंगे कि कैसे तंत्र और योग के विभिन्न अभ्यासों में संगीत का प्रयोग किया जाता है और कैसे संगीत साधक को उच्च चेतना की अवस्था में पहुँचाने में सहायता करता है।

तंत्र का परिचय

तंत्र शब्द संस्कृत की 'तन्' धातु से बना है, जिसका अर्थ है 'विस्तार करना' या 'फैलाना'। तंत्र वह साधना पद्धति है जो ज्ञान का विस्तार करती है और साधक को आत्म-साक्षात्कार की ओर ले जाती है। तंत्र में शक्ति की उपासना की जाती है, जो ब्रह्मांड की मूल ऊर्जा है।

तंत्र की उत्पत्ति के विषय में विभिन्न मत हैं। कुछ विद्वानों का मानना है कि तंत्र वैदिक परंपरा का ही एक अंग है, जबकि कुछ का मानना है कि यह वैदिक परंपरा से अलग एक स्वतंत्र परंपरा है। वास्तव में, तंत्र वैदिक और अवैदिक दोनों परंपराओं का समन्वय है, जिसमें शक्ति की उपासना के साथ-साथ योग, ध्यान, मंत्र, यंत्र, मुद्रा आदि का भी समावेश है।

तंत्र के प्रमुख ग्रंथों में महानिर्वाण तंत्र, कुलार्णव तंत्र, तंत्रालोक, विज्ञान भैरव तंत्र, रुद्रयामल तंत्र, शक्ति संगम तंत्र आदि प्रमुख हैं इन ग्रंथों में तंत्र के सिद्धांतों और साधना पद्धतियों का विस्तृत वर्णन मिलता है

तंत्र के प्रमुख सिद्धांत

तंत्र के प्रमुख सिद्धांत निम्नलिखित हैं:

1. शक्ति सिद्धांत

तंत्र में शक्ति को ब्रह्मांड की मूल ऊर्जा माना जाता है शिव और शक्ति ब्रह्मांड के दो पहलू हैं - शिव निष्क्रिय चेतना है, जबकि शक्ति सक्रिय ऊर्जा है शिव और शक्ति के मिलन से ही सृष्टि की रचना होती है तंत्र में शक्ति की उपासना की जाती है, क्योंकि शक्ति ही मोक्ष प्रदान करने वाली है

महानिर्वाण तंत्र में कहा गया है:

"शिवः शक्त्या युक्तो यदि भवति शक्तः प्रभवितुम्
न चेदेवं देवो न खलु कुशलः स्पन्दितुमपि॥"

अर्थात्, "शिव शक्ति से युक्त होकर ही सृष्टि की रचना करने में समर्थ होते हैं, अन्यथा वे स्पंदन (गति) करने में भी समर्थ नहीं होते"

2. कुण्डलिनी सिद्धांत

तंत्र में कुण्डलिनी शक्ति को मानव शरीर में स्थित दिव्य ऊर्जा माना जाता है यह शक्ति मूलाधार चक्र में सुप्त अवस्था में रहती है और साधना द्वारा जागृत होकर सुषुम्ना नाड़ी के माध्यम से ऊपर की ओर चढ़ती है और सहस्रार चक्र में शिव से मिलन करती है इस मिलन से साधक को मोक्ष की प्राप्ति होती है

षट्चक्र निरूपण में कुण्डलिनी का वर्णन इस प्रकार किया गया है:

"अधः कुण्डलिनी शक्तिः सुप्ता भुजङ्गरूपिणी
तया सह शिवो योगी मुक्तो भवति नान्यथा॥"

अर्थात्, "नीचे (मूलाधार चक्र में) कुण्डलिनी शक्ति सर्प के रूप में सोई हुई है उसके साथ शिव का योग करने वाला योगी मुक्त हो जाता है, अन्यथा नहीं"

3. चक्र सिद्धांत

तंत्र के अनुसार, मानव शरीर में सात प्रमुख चक्र (ऊर्जा केंद्र) हैं, जो रीढ़ की हड्डी के सहारे स्थित हैं ये चक्र हैं: मूलाधार, स्वाधिष्ठान, मणिपुर, अनाहत, विशुद्ध, आज्ञा और सहस्रार। प्रत्येक चक्र का अपना विशिष्ट रंग, आकार, बीज मंत्र और देवता होता है तंत्र साधना में इन चक्रों को जागृत करके कुण्डलिनी शक्ति को ऊपर की ओर ले जाया जाता है।

षट्चक्र निरूपण में चक्रों का विस्तृत वर्णन मिलता है उदाहरण के लिए, मूलाधार चक्र का वर्णन इस प्रकार किया गया है:

'चतुरस्रं तत्र पीतवर्णं वज्रमयं तत्र धरणीबीजम्।
तत्र ध्यायेद् ब्रह्माणं रक्तवर्णं चतुर्भुजम्।।"

अर्थात्, "वहाँ (मूलाधार चक्र में) चौकोर पीले रंग का वज्रमय स्थान है, जहाँ धरणी बीज (लं) है वहाँ लाल रंग के चतुर्भुज ब्रह्मा का ध्यान करें"

4. मंत्र सिद्धांत

तंत्र में मंत्रों का विशेष महत्व है। मंत्र ध्वनि की शक्ति हैं, जो साधक के मन और शरीर पर प्रभाव डालती हैं और उसे आध्यात्मिक उन्नति की ओर ले जाती हैं तंत्र में विभिन्न देवी-देवताओं के मंत्रों का जप किया जाता है, जिनमें बीज मंत्र (एकाक्षर मंत्र) विशेष महत्व रखते हैं

महानिर्वाण तंत्र में मंत्रों के महत्व का वर्णन इस प्रकार किया गया है:

'मननात् त्रायते यस्मात् तस्मान्मंत्र इति स्मृतः।
यो मंत्रः स शिवः साक्षात् यः शिवः स च तत्परः।। "

अर्थात्, "मनन करने से जो रक्षा करता है, उसे मंत्र कहा जाता है। जो मंत्र है, वह साक्षात् शिव है, और जो शिव है, वह परमात्मा है।"

5. यंत्र सिद्धांत

यंत्र ज्यामितीय आकृतियाँ हैं, जो देवी-देवताओं के प्रतीक हैं। ये आकृतियाँ ब्रह्मांडीय ऊर्जा को केंद्रित करती हैं और साधक को आध्यात्मिक उन्नति में सहायता करती हैं। तंत्र में विभिन्न देवी-देवताओं के यंत्रों का प्रयोग किया जाता है, जिनमें श्री यंत्र सबसे प्रमुख है।

तंत्रालोक में यंत्रों के महत्व का वर्णन इस प्रकार किया गया है:

"यंत्रं मंत्रमयं प्रोक्तं मंत्रात्मा देवता स्मृता।
देवतात्मकमेवेदं सर्वं जगदिति स्थितिः॥ "

अर्थात्, "यंत्र मंत्रमय कहा गया है, मंत्र देवता का स्वरूप है, और यह सारा जगत देवतामय है, यही स्थिति है।"

6. मुद्रा सिद्धांत

मुद्राएँ हाथों और शरीर की विशेष स्थितियाँ हैं, जो प्राण ऊर्जा को नियंत्रित और निर्देशित करती हैं। तंत्र में विभिन्न मुद्राओं का प्रयोग किया जाता है, जो साधक को आध्यात्मिक उन्नति में सहायता करती हैं। प्रमुख मुद्राएँ हैं: ज्ञान मुद्रा, चिन्मय मुद्रा, योनि मुद्रा, अभय मुद्रा आदि।

गेरण्ड संहिता में मुद्राओं के महत्व का वर्णन इस प्रकार किया गया है:

"यथा अधः स्थिता शक्तिः कुण्डलाकारिणी शिवे।
तथा मुद्रा विजानीयात् योगिनां सिद्धिदायिका॥"

अर्थात्, "जैसे नीचे (मूलाधार चक्र में) कुण्डलाकार शक्ति स्थित है, वैसे ही मुद्राओं को योगियों को सिद्धि देने वाली जानना चाहिए।"

तंत्र की प्रमुख शाखाएँ

तंत्र की दो प्रमुख शाखाएँ हैं:

1. दक्षिणाचार

दक्षिणाचार तंत्र की वह शाखा है, जिसमें सात्विक साधना की जाती है। इसमें वैदिक नियमों का पालन किया जाता है और शुद्ध आचरण पर बल दिया जाता है। इसमें पंचमकारों (मद्य, मांस, मत्स्य, मुद्रा और मैथुन) का प्रतीकात्मक रूप से प्रयोग किया जाता है।

2. वामाचार

वामाचार तंत्र की वह शाखा है, जिसमें तामसिक साधना की जाती है। इसमें वैदिक नियमों का उल्लंघन किया जाता है और पंचमकारों का वास्तविक रूप से प्रयोग किया जाता है। यह शाखा अधिक विवादास्पद है और इसका अनुसरण केवल उच्च कोटि के साधक ही कर सकते हैं।

इन दोनों शाखाओं के अलावा, तंत्र की कुछ अन्य शाखाएँ भी हैं, जैसे कौलाचार, मिश्राचार, सिद्धांताचार आदि। प्रत्येक शाखा की अपनी विशिष्ट साधना पद्धति है, लेकिन सभी का लक्ष्य एक ही है - आत्म-साक्षात्कार और मोक्ष की प्राप्ति।

योग का परिचय

योग शब्द संस्कृत की 'युज्' धातु से बना है, जिसका अर्थ है 'जोड़ना' या 'मिलाना'। योग वह साधना पद्धति है, जो व्यक्तिगत आत्मा (जीवात्मा) को परमात्मा से जोड़ती है। योग चित्त की एकाग्रता का मार्ग है, जो साधक को आत्म-साक्षात्कार की ओर ले जाता है।

योग की उत्पत्ति अत्यंत प्राचीन है। सिंधु घाटी सभ्यता के अवशेषों में योग मुद्राओं में बैठे हुए देवताओं की मूर्तियाँ मिली हैं, जो योग की प्राचीनता का प्रमाण हैं। वेदों और उपनिषदों में भी योग का उल्लेख मिलता है। पतंजलि ने अपने योगसूत्र में योग के सिद्धांतों और अभ्यासों का व्यवस्थित वर्णन किया है।

योग के प्रमुख ग्रंथों में पतंजलि का योगसूत्र, हठयोग प्रदीपिका, घेरण्ड संहिता, शिव संहिता, योग वासिष्ठ आदि प्रमुख हैं। इन ग्रंथों में योग के सिद्धांतों और अभ्यासों का विस्तृत वर्णन मिलता है।

योग के प्रमुख सिद्धांत

योग के प्रमुख सिद्धांत निम्नलिखित हैं:

1. चित्त वृत्ति निरोध

पतंजलि के योगसूत्र के अनुसार, "योगश्चित्तवृत्तिनिरोधः" अर्थात् योग चित्त की वृत्तियों का निरोध है। चित्त की वृत्तियाँ पाँच प्रकार की होती हैं: प्रमाण, विपर्यय, विकल्प, निद्रा और स्मृति। योग साधना द्वारा इन वृत्तियों का निरोध किया जाता है, जिससे चित्त शांत और एकाग्र होता है।

2. अष्टांग योग

पतंजलि ने योग के आठ अंगों का वर्णन किया है, जिन्हें अष्टांग योग कहा जाता है। ये आठ अंग हैं: यम, नियम, आसन, प्राणायाम, प्रत्याहार, धारणा, ध्यान और समाधि। इन आठ अंगों का क्रमिक अभ्यास साधक को समाधि की अवस्था तक पहुँचाता है, जहाँ उसे आत्म-साक्षात्कार होता है।

योगसूत्र में अष्टांग योग का वर्णन इस प्रकार किया गया है:

"यम-नियमासन-प्राणायाम-प्रत्याहार-धारणा-ध्यान-समाधयोऽष्टावङ्गानि"

अर्थात्, "यम, नियम, आसन, प्राणायाम, प्रत्याहार, धारणा, ध्यान और समाधि - ये योग के आठ अंग हैं।"

3. प्राण सिद्धांत

योग में प्राण को जीवन ऊर्जा माना जाता है, जो शरीर में विभिन्न नाड़ियों के माध्यम से प्रवाहित होती है। प्राण पाँच प्रकार के होते हैं: प्राण, अपान, समान, उदान और व्यान।

प्राणायाम द्वारा इन प्राणों को नियंत्रित और संतुलित किया जाता है, जिससे शरीर और मन स्वस्थ रहते हैं

हठयोग प्रदीपिका में प्राण के महत्व का वर्णन इस प्रकार किया गया है:

"चले वाते चलं चित्तं निश्चले निश्चलं भवेत्।

योगी स्थाणुत्वमाप्नोति ततो वायुं निरोधयेत्।"

अर्थात्, "प्राण के चलने पर चित्त चंचल होता है और प्राण के स्थिर होने पर चित्त स्थिर होता है इसलिए योगी को प्राण को नियंत्रित करना चाहिए, जिससे वह स्थिरता प्राप्त कर सके"

4. नाड़ी सिद्धांत

योग के अनुसार, मानव शरीर में 72,000 नाड़ियाँ हैं, जिनमें से तीन प्रमुख नाड़ियाँ हैं: इड़ा, पिंगला और सुषुम्ना। इड़ा नाड़ी बाएँ नासिका छिद्र से शुरू होती है और चंद्र स्वरूप है, पिंगला नाड़ी दाएँ नासिका छिद्र से शुरू होती है और सूर्य स्वरूप है, और सुषुम्ना नाड़ी रीढ़ की हड्डी के मध्य से होकर जाती है और अग्नि स्वरूप है। योग साधना द्वारा इन नाड़ियों में प्राण का प्रवाह संतुलित किया जाता है

हठयोग प्रदीपिका में नाड़ियों का वर्णन इस प्रकार किया गया है:

"इडा च पिङ्गला चैव सुषुम्ना च तृतीयका।

गान्धारी हस्तिजिह्वा च पूषा चैव यशस्विनी।"

अर्थात्, "इड़ा, पिंगला और तीसरी सुषुम्ना, गांधारी, हस्तिजिह्वा, पूषा और यशस्विनी (ये प्रमुख नाड़ियाँ हैं)।"

5. कुण्डलिनी सिद्धांत

योग में भी तंत्र की तरह कुण्डलिनी शक्ति का महत्व है। कुण्डलिनी शक्ति मूलाधार चक्र में सुप्त अवस्था में रहती है और योग साधना द्वारा जागृत होकर सुषुम्ना नाड़ी के माध्यम

से ऊपर की ओर चढ़ती है और सहस्रार चक्र में शिव से मिलन करती है। इस मिलन से साधक को समाधि की अवस्था प्राप्त होती है।

हठयोग प्रदीपिका में कुण्डलिनी का वर्णन इस प्रकार किया गया है:

"कुण्डलिनी सुप्ता भुजङ्गाकारा।

यावत् सुप्ता तावन्मुक्तिर्न जायते॥"

अर्थात्, "कुण्डलिनी सर्प के आकार की सोई हुई है। जब तक वह सोई रहती है, तब तक मुक्ति नहीं होती।"

योग की प्रमुख शाखाएँ

योग की अनेक शाखाएँ हैं, जिनमें से प्रमुख शाखाएँ निम्नलिखित हैं:

1. राजयोग

राजयोग पतंजलि द्वारा प्रतिपादित अष्टांग योग है, जिसमें यम, नियम, आसन, प्राणायाम, प्रत्याहार, धारणा, ध्यान और समाधि का क्रमिक अभ्यास किया जाता है। इसका लक्ष्य चित्त की वृत्तियों का निरोध करके समाधि की अवस्था प्राप्त करना है।

2. हठयोग

हठयोग शरीर और प्राण पर केंद्रित योग है, जिसमें आसन, प्राणायाम, मुद्रा, बंध आदि का अभ्यास किया जाता है। इसका लक्ष्य शरीर को स्वस्थ और शक्तिशाली बनाकर कुण्डलिनी जागरण के लिए तैयार करना है। 'हठ' शब्द 'ह' (सूर्य) और 'ठ' (चंद्र) से मिलकर बना है, जो इड़ा और पिंगला नाड़ियों का प्रतीक है।

3. लययोग

लययोग ध्वनि और नाद पर केंद्रित योग है, जिसमें मंत्रों का जप और नाद का श्रवण किया जाता है। इसका लक्ष्य नाद के माध्यम से चित्त को लय (विलीन) करना है। इसमें अनाहत नाद (आंतरिक ध्वनि) का श्रवण विशेष महत्व रखता है।

4. मंत्रयोग

मंत्रयोग मंत्रों के जप पर केंद्रित योग है, जिसमें विभिन्न देवी-देवताओं के मंत्रों का जप किया जाता है। इसका लक्ष्य मंत्रों की ध्वनि के माध्यम से चित्त को एकाग्र करना और आध्यात्मिक ऊर्जा को जागृत करना है।

5. भक्तियोग

भक्तियोग भक्ति और प्रेम पर केंद्रित योग है, जिसमें ईश्वर के प्रति अनन्य प्रेम और समर्पण का भाव रखा जाता है। इसका लक्ष्य ईश्वर के प्रति प्रेम के माध्यम से आत्म-साक्षात्कार प्राप्त करना है।

6. कर्मयोग

कर्मयोग निष्काम कर्म पर केंद्रित योग है, जिसमें फल की इच्छा के बिना कर्तव्य का पालन किया जाता है। इसका लक्ष्य कर्म के माध्यम से आत्म-शुद्धि और आत्म-साक्षात्कार प्राप्त करना है।

7. ज्ञानयोग

ज्ञानयोग ज्ञान और विवेक पर केंद्रित योग है, जिसमें आत्म-चिंतन और आत्म-विश्लेषण के माध्यम से सत्य की खोज की जाती है। इसका लक्ष्य ज्ञान के माध्यम से अज्ञान का नाश करके आत्म-साक्षात्कार प्राप्त करना है।

तंत्र और संगीत का संबंध

तंत्र और संगीत का गहरा संबंध है। तंत्र में संगीत को साधना का एक महत्वपूर्ण अंग माना जाता है। तंत्र में विभिन्न देवी-देवताओं की आराधना में संगीत का प्रयोग किया जाता है और विभिन्न तांत्रिक अनुष्ठानों में संगीत का विशेष महत्व होता है।

तंत्र में नाद का महत्व

तंत्र में नाद को ब्रह्मांड की मूल ध्वनि माना जाता है। नाद दो प्रकार का होता है: अनाहत नाद (आंतरिक ध्वनि) और आहत नाद (बाह्य ध्वनि)। अनाहत नाद वह ध्वनि है, जो बिना किसी आघात के उत्पन्न होती है और केवल योगी ही इसे सुन सकते हैं। आहत नाद वह ध्वनि है, जो आघात से उत्पन्न होती है और सभी लोग इसे सुन सकते हैं।

तंत्र में अनाहत नाद को विशेष महत्व दिया जाता है, क्योंकि यह ब्रह्मांड की मूल ध्वनि है और इसके श्रवण से साधक को समाधि की अवस्था प्राप्त होती है। तंत्र साधना में साधक को अनाहत नाद का श्रवण करने के लिए प्रोत्साहित किया जाता है।

नादबिंदु उपनिषद में अनाहत नाद का वर्णन इस प्रकार किया गया है:

> *"अनाहतस्तु यो नादः श्रूयते ब्रह्मवादिभिः।*
> *तस्य नादस्य यो भावस्तद्ब्रह्म परमं विदुः॥"*

अर्थात्, "जो अनाहत नाद ब्रह्मवादियों द्वारा सुना जाता है, उस नाद का जो भाव है, उसे परम ब्रह्म जानते हैं।"

तंत्र में मंत्र और संगीत

तंत्र में मंत्रों का विशेष महत्व है। मंत्र ध्वनि की शक्ति हैं, जो साधक के मन और शरीर पर प्रभाव डालती हैं और उसे आध्यात्मिक उन्नति की ओर ले जाती हैं। तंत्र में विभिन्न देवी-देवताओं के मंत्रों का जप किया जाता है, जिनमें बीज मंत्र (एकाक्षर मंत्र) विशेष महत्व रखते हैं।

मंत्रों का जप विशिष्ट स्वर और लय में किया जाता है, जो संगीत का एक रूप है। मंत्रों के उच्चारण में स्वर, लय, ताल और गति का विशेष ध्यान रखा जाता है, जिससे मंत्र अधिक प्रभावशाली होते हैं।

तंत्र में कुछ मंत्रों को विशेष रागों में गाया जाता है, जिससे उनका प्रभाव कई गुना बढ़ जाता है। उदाहरण के लिए, देवी दुर्गा के मंत्रों को राग दुर्गा में, देवी सरस्वती के मंत्रों को राग सरस्वती में, और देवी काली के मंत्रों को राग भैरवी में गाया जाता है।

तंत्र में वाद्य यंत्र

तंत्र में विभिन्न वाद्य यंत्रों का प्रयोग किया जाता है, जो तांत्रिक अनुष्ठानों में महत्वपूर्ण भूमिका निभाते हैं। प्रमुख वाद्य यंत्र हैं:

1. डमरू

डमरू शिव का प्रिय वाद्य यंत्र है और तंत्र में इसका विशेष महत्व है। डमरू की ध्वनि कुण्डलिनी शक्ति को जागृत करने में सहायक होती है और साधक को समाधि की अवस्था में पहुँचाती है।

शिव पुराण में डमरू के महत्व का वर्णन इस प्रकार किया गया है:

"डमरुध्वनिना नित्यं नृत्यन्तं परमेश्वरम्।
ध्यायेत् सर्वगतं शम्भुं सर्वज्ञं सर्वकारणम्।।"

अर्थात्, "डमरू की ध्वनि के साथ नित्य नृत्य करते हुए परमेश्वर शिव का ध्यान करें, जो सर्वव्यापी, सर्वज्ञ और सब कारणों के कारण हैं।"

2. घंटा

घंटा तंत्र में प्रयुक्त एक अन्य महत्वपूर्ण वाद्य यंत्र है। घंटे की ध्वनि नकारात्मक ऊर्जाओं को दूर करती है और सकारात्मक ऊर्जा का संचार करती है। तांत्रिक पूजा में घंटे का प्रयोग विशेष महत्व रखता है।

तंत्रालोक में घंटे के महत्व का वर्णन इस प्रकार किया गया है:

"घण्टानादेन यो नादः श्रूयते ब्रह्मवादिभिः।
स एव परमो नादो यस्मिन् लीयते परम्।।"

अर्थात्, "घंटे की ध्वनि से जो नाद ब्रह्मवादियों द्वारा सुना जाता है, वही परम नाद है, जिसमें परम तत्व लीन होता है।"

3. शंख

शंख तंत्र में प्रयुक्त एक अन्य महत्वपूर्ण वाद्य यंत्र है। शंख की ध्वनि नकारात्मक ऊर्जाओं को दूर करती है और सकारात्मक ऊर्जा का संचार करती है। तांत्रिक पूजा में शंख का प्रयोग विशेष महत्व रखता है।

महानिर्वाण तंत्र में शंख के महत्व का वर्णन इस प्रकार किया गया है:

"शङ्खध्वनिर्महादेवि सर्वविघ्नविनाशनः।
सर्वरोगहरश्चैव सर्वपापप्रणाशनः॥"

अर्थात्, "हे महादेवी, शंख की ध्वनि सभी विघ्नों का नाश करने वाली, सभी रोगों को हरने वाली और सभी पापों का नाश करने वाली है।"

तांत्रिक अनुष्ठानों में संगीत

तांत्रिक अनुष्ठानों में संगीत का विशेष महत्व होता है। विभिन्न तांत्रिक अनुष्ठानों में विभिन्न प्रकार के संगीत का प्रयोग किया जाता है, जो अनुष्ठान के उद्देश्य और प्रकृति के अनुसार भिन्न-भिन्न होता है।

1. पूजा में संगीत

तांत्रिक पूजा में स्तोत्रों और मंत्रों का गायन किया जाता है, जो देवी-देवताओं की स्तुति और आराधना का माध्यम है। इन स्तोत्रों और मंत्रों को विशिष्ट रागों और तालों में गाया जाता है, जिससे उनका प्रभाव कई गुना बढ़ जाता है।

2. होम में संगीत

तांत्रिक होम में मंत्रों का उच्चारण विशिष्ट स्वर और लय में किया जाता है, जो अग्नि को प्रज्वलित करने और देवी-देवताओं को आहुति देने का माध्यम है। इन मंत्रों के उच्चारण में स्वर, लय, ताल और गति का विशेष ध्यान रखा जाता है।

3. जप में संगीत

तांत्रिक जप में मंत्रों का जप विशिष्ट स्वर और लय में किया जाता है, जो साधक के मन और शरीर पर प्रभाव डालता है और उसे आध्यात्मिक उन्नति की ओर ले जाता है। जप की तीन विधियाँ हैं: वाचिक (मुख से), उपांशु (होठों से) और मानसिक (मन से)।

4. ध्यान में संगीत

तांत्रिक ध्यान में अनाहत नाद का श्रवण किया जाता है, जो साधक को समाधि की अवस्था में पहुँचाता है। अनाहत नाद का श्रवण करने के लिए साधक को अपने कानों को बंद करके अंतर्मुखी होना पड़ता है।

5. चक्र पूजा में संगीत

तांत्रिक चक्र पूजा में विशेष प्रकार के संगीत का प्रयोग किया जाता है, जो साधकों को आध्यात्मिक उन्नति की ओर ले जाता है। इस पूजा में स्त्री और पुरुष साधक एक चक्र (वृत्त) में बैठकर विशेष मंत्रों का जप और गायन करते हैं।

योग और संगीत का संबंध

योग और संगीत का भी गहरा संबंध है। योग में संगीत को साधना का एक महत्वपूर्ण अंग माना जाता है। योग में विभिन्न प्रकार के ध्यान और प्राणायाम में संगीत का प्रयोग किया जाता है और नाद योग तो पूरी तरह से संगीत पर आधारित है।

योग में नाद का महत्व

योग में भी तंत्र की तरह नाद को ब्रह्मांड की मूल ध्वनि माना जाता है। नाद दो प्रकार का होता है: अनाहत नाद (आंतरिक ध्वनि) और आहत नाद (बाह्य ध्वनि)। अनाहत नाद वह

ध्वनि है, जो बिना किसी आघात के उत्पन्न होती है और केवल योगी ही इसे सुन सकते हैं। आहत नाद वह ध्वनि है, जो आघात से उत्पन्न होती है और सभी लोग इसे सुन सकते हैं।

योग में अनाहत नाद को विशेष महत्व दिया जाता है, क्योंकि यह ब्रह्मांड की मूल ध्वनि है और इसके श्रवण से साधक को समाधि की अवस्था प्राप्त होती है। योग साधना में साधक को अनाहत नाद का श्रवण करने के लिए प्रोत्साहित किया जाता है।

हठयोग प्रदीपिका में अनाहत नाद का वर्णन इस प्रकार किया गया है:

> "आदौ जलधिजीमूतघण्टाभ्रमरनिस्वनः।
>
> मध्ये मर्दलशब्दस्तु अन्ते तु किङ्किणीध्वनिः॥"

अर्थात्, "शुरू में (अनाहत नाद) समुद्र, बादल, घंटा और भौंरे की ध्वनि जैसा होता है, मध्य में मृदंग की ध्वनि जैसा होता है, और अंत में किंकिणी (छोटी घंटी) की ध्वनि जैसा होता है।"

नाद योग

नाद योग संगीत पर आधारित योग है, जिसमें नाद (ध्वनि) के माध्यम से चित्त को एकाग्र किया जाता है और समाधि की अवस्था प्राप्त की जाती है। नाद योग में अनाहत नाद का श्रवण विशेष महत्व रखता है।

नाद योग की प्रमुख विधियाँ निम्नलिखित हैं:

1. ओंकार साधना

ओंकार साधना में 'ॐ' मंत्र का जप किया जाता है, जो ब्रह्मांड की मूल ध्वनि है। 'ॐ' मंत्र का जप विशिष्ट स्वर और लय में किया जाता है, जिससे साधक का चित्त एकाग्र होता है और वह समाधि की अवस्था में पहुँचता है।

ओंकार साधना की विधि इस प्रकार है:

- सुखासन या पद्मासन में बैठें। - आँखें बंद करें और श्वास पर ध्यान केंद्रित करें। - गहरी श्वास लें और 'ॐ' का उच्चारण करें। - 'ॐ' के उच्चारण में 'अ' ध्वनि नाभि से, 'उ' ध्वनि कंठ से और 'म' ध्वनि मस्तिष्क से उत्पन्न करें। - 'ॐ' के उच्चारण को धीरे-धीरे लंबा करें और उसकी गूँज पर ध्यान केंद्रित करें। - इस अभ्यास को नियमित रूप से करें।

2. भ्रामरी प्राणायाम

भ्रामरी प्राणायाम में भौंरे की गुनगुनाहट जैसी ध्वनि उत्पन्न की जाती है, जिससे साधक का चित्त एकाग्र होता है और वह समाधि की अवस्था में पहुँचता है।

भ्रामरी प्राणायाम की विधि इस प्रकार है:

- सुखासन या पद्मासन में बैठें। - आँखें बंद करें और श्वास पर ध्यान केंद्रित करें। - गहरी श्वास लें और श्वास छोड़ते समय भौंरे की गुनगुनाहट जैसी ध्वनि उत्पन्न करें। - इस ध्वनि को धीरे-धीरे लंबा करें और उसकी गूँज पर ध्यान केंद्रित करें। - इस अभ्यास को नियमित रूप से करें।

3. नाद अनुसंधान

नाद अनुसंधान में अनाहत नाद का श्रवण किया जाता है, जिससे साधक का चित्त एकाग्र होता है और वह समाधि की अवस्था में पहुँचता है।

नाद अनुसंधान की विधि इस प्रकार है:

- सुखासन या पद्मासन में बैठें। - आँखें बंद करें और श्वास पर ध्यान केंद्रित करें। - अपने कानों को अंगूठों से बंद करें और अंतर्मुखी होकर अनाहत नाद का श्रवण करें। - शुरू में आप विभिन्न प्रकार की ध्वनियाँ सुनेंगे, जैसे समुद्र की गर्जना, बादलों की गड़गड़ाहट, घंटे की ध्वनि आदि। - धीरे-धीरे ये ध्वनियाँ एक सूक्ष्म ध्वनि में परिवर्तित हो जाएँगी, जो अनाहत नाद है। - इस अनाहत नाद पर ध्यान केंद्रित करें और उसमें लीन हो जाएँ। - इस अभ्यास को नियमित रूप से करें।

योग में मंत्र और संगीत

योग में भी तंत्र की तरह मंत्रों का विशेष महत्व है मंत्र ध्वनि की शक्ति हैं, जो साधक के मन और शरीर पर प्रभाव डालती हैं और उसे आध्यात्मिक उन्नति की ओर ले जाती हैं योग में विभिन्न देवी-देवताओं के मंत्रों का जप किया जाता है, जिनमें 'ॐ' मंत्र सबसे महत्वपूर्ण है।

मंत्रों का जप विशिष्ट स्वर और लय में किया जाता है, जो संगीत का एक रूप है मंत्रों के उच्चारण में स्वर, लय, ताल और गति का विशेष ध्यान रखा जाता है, जिससे मंत्र अधिक प्रभावशाली होते हैं

योग में कुछ मंत्रों को विशेष रागों में गाया जाता है, जिससे उनका प्रभाव कई गुना बढ़ जाता है उदाहरण के लिए, गायत्री मंत्र को राग भैरव में, महामृत्युंजय मंत्र को राग भीमपलासी में, और 'ॐ' मंत्र को राग दरबारी में गाया जाता है

योग में वाद्य यंत्र

योग में भी विभिन्न वाद्य यंत्रों का प्रयोग किया जाता है, जो योग साधना में महत्वपूर्ण भूमिका निभाते हैं प्रमुख वाद्य यंत्र हैं:

1. सितार

सितार एक तंत्री वाद्य यंत्र है, जिसकी ध्वनि साधक के चित्त को एकाग्र करने में सहायक होती है सितार की मधुर ध्वनि साधक को ध्यान की गहरी अवस्था में पहुँचाती है

2. बाँसुरी

बाँसुरी एक सुषिर वाद्य यंत्र है, जिसकी ध्वनि साधक के चित्त को एकाग्र करने में सहायक होती है बाँसुरी की मधुर ध्वनि साधक को ध्यान की गहरी अवस्था में पहुँचाती है

3. तबला

तबला एक अवनद्ध वाद्य यंत्र है, जिसकी ध्वनि साधक के चित्त को एकाग्र करने में सहायक होती है। तबले की ताल साधक को ध्यान की गहरी अवस्था में पहुँचाती है।

4. हारमोनियम

हारमोनियम एक वायु वाद्य यंत्र है, जिसकी ध्वनि साधक के चित्त को एकाग्र करने में सहायक होती है। हारमोनियम की मधुर ध्वनि साधक को ध्यान की गहरी अवस्था में पहुँचाती है।

योग अभ्यास में संगीत

योग अभ्यास में संगीत का विशेष महत्व होता है। विभिन्न योग अभ्यासों में विभिन्न प्रकार के संगीत का प्रयोग किया जाता है, जो अभ्यास के उद्देश्य और प्रकृति के अनुसार भिन्न-भिन्न होता है।

1. आसन में संगीत

योग आसनों के अभ्यास में शांत और मधुर संगीत का प्रयोग किया जाता है, जो साधक के शरीर और मन को शांत और एकाग्र करने में सहायक होता है। इस संगीत में स्वर, लय, ताल और गति का विशेष ध्यान रखा जाता है, जिससे आसन अधिक प्रभावशाली होते हैं।

2. प्राणायाम में संगीत

योग प्राणायाम के अभ्यास में भी शांत और मधुर संगीत का प्रयोग किया जाता है, जो साधक के श्वास को नियंत्रित और संतुलित करने में सहायक होता है। इस संगीत में स्वर, लय, ताल और गति का विशेष ध्यान रखा जाता है, जिससे प्राणायाम अधिक प्रभावशाली होता है।

3. ध्यान में संगीत

योग ध्यान के अभ्यास में अनाहत नाद का श्रवण किया जाता है, जो साधक को समाधि की अवस्था में पहुँचाता है। अनाहत नाद का श्रवण करने के लिए साधक को अपने कानों को बंद करके अंतर्मुखी होना पड़ता है।

4. कीर्तन में संगीत

योग कीर्तन में भजनों और मंत्रों का गायन किया जाता है, जो साधक के मन और शरीर पर प्रभाव डालता है और उसे आध्यात्मिक उन्नति की ओर ले जाता है। इन भजनों और मंत्रों को विशिष्ट रागों और तालों में गाया जाता है, जिससे उनका प्रभाव कई गुना बढ़ जाता है।

तंत्र, योग और संगीत का समन्वय

तंत्र, योग और संगीत का समन्वय साधक को परम आनंद की अनुभूति कराता है और उसे मोक्ष के मार्ग पर अग्रसर करता है। इन तीनों का समन्वय साधना का एक पूर्ण मार्ग प्रदान करता है, जिसमें शरीर, मन और आत्मा तीनों का विकास होता है।

तंत्र और योग का समन्वय

तंत्र और योग दोनों ही आत्म-साक्षात्कार के मार्ग हैं, लेकिन दोनों के दृष्टिकोण और विधियाँ अलग-अलग हैं। तंत्र शक्ति की उपासना का मार्ग है, जबकि योग चित्त की एकाग्रता का मार्ग है। तंत्र में शक्ति को जागृत करके आत्म-साक्षात्कार प्राप्त किया जाता है, जबकि योग में चित्त की वृत्तियों का निरोध करके आत्म-साक्षात्कार प्राप्त किया जाता है।

तंत्र और योग का समन्वय कुण्डलिनी योग में देखा जा सकता है, जिसमें तंत्र की कुण्डलिनी शक्ति को योग के अष्टांग मार्ग द्वारा जागृत किया जाता है। कुण्डलिनी योग में तंत्र के मंत्र, यंत्र, मुद्रा आदि का प्रयोग किया जाता है और योग के आसन, प्राणायाम, ध्यान आदि का अभ्यास किया जाता है।

तंत्र और संगीत का समन्वय

तंत्र और संगीत का समन्वय नाद तंत्र में देखा जा सकता है, जिसमें नाद (ध्वनि) के माध्यम से शक्ति को जागृत किया जाता है। नाद तंत्र में विभिन्न मंत्रों का जप और विभिन्न वाद्य यंत्रों का प्रयोग किया जाता है, जिससे शक्ति जागृत होती है और साधक को आत्म-साक्षात्कार होता है।

नाद तंत्र में अनाहत नाद का विशेष महत्व है, जिसे ब्रह्मांड की मूल ध्वनि माना जाता है। अनाहत नाद का श्रवण करके साधक अपने चित्त को एकाग्र करता है और समाधि की अवस्था में पहुँचता है।

योग और संगीत का समन्वय

योग और संगीत का समन्वय नाद योग में देखा जा सकता है, जिसमें नाद (ध्वनि) के माध्यम से चित्त को एकाग्र किया जाता है। नाद योग में विभिन्न मंत्रों का जप और विभिन्न वाद्य यंत्रों का प्रयोग किया जाता है, जिससे चित्त एकाग्र होता है और साधक को समाधि की अवस्था प्राप्त होती है।

नाद योग में भी अनाहत नाद का विशेष महत्व है, जिसे ब्रह्मांड की मूल ध्वनि माना जाता है। अनाहत नाद का श्रवण करके साधक अपने चित्त को एकाग्र करता है और समाधि की अवस्था में पहुँचता है।

तंत्र, योग और संगीत का त्रिवेणी संगम

तंत्र, योग और संगीत का त्रिवेणी संगम नाद ब्रह्म की अनुभूति कराता है, जो परम आनंद और मोक्ष का मार्ग है। इस त्रिवेणी संगम में तंत्र की शक्ति, योग की एकाग्रता और संगीत की मधुरता का समन्वय होता है, जिससे साधक को पूर्ण आत्म-साक्षात्कार होता है।

इस त्रिवेणी संगम में तंत्र के मंत्र, यंत्र, मुद्रा आदि का प्रयोग किया जाता है, योग के आसन, प्राणायाम, ध्यान आदि का अभ्यास किया जाता है, और संगीत के स्वर, लय,

ताल आदि का अनुभव किया जाता है। इस समन्वय से साधक को परम आनंद की अनुभूति होती है और वह मोक्ष के मार्ग पर अग्रसर होता है।

निष्कर्ष

तंत्र, योग और संगीत तीनों ही आत्म-साक्षात्कार के मार्ग हैं, जो साधक को परम आनंद की अनुभूति कराते हैं और उसे मोक्ष के मार्ग पर अग्रसर करते हैं। तंत्र शक्ति की उपासना का मार्ग है, योग चित्त की एकाग्रता का मार्ग है, और संगीत नाद की साधना का मार्ग है।

तंत्र में शक्ति को जागृत करके आत्म-साक्षात्कार प्राप्त किया जाता है, जिसमें मंत्र, यंत्र, मुद्रा आदि का प्रयोग किया जाता है। योग में चित्त की वृत्तियों का निरोध करके आत्म-साक्षात्कार प्राप्त किया जाता है, जिसमें आसन, प्राणायाम, ध्यान आदि का अभ्यास किया जाता है। संगीत में नाद के माध्यम से आत्म-साक्षात्कार प्राप्त किया जाता है, जिसमें स्वर, लय, ताल आदि का अनुभव किया जाता है।

इन तीनों का समन्वय साधक को परम आनंद की अनुभूति कराता है और उसे मोक्ष के मार्ग पर अग्रसर करता है। यह समन्वय नाद ब्रह्म की अनुभूति कराता है, जो परम आनंद और मोक्ष का मार्ग है।

भारतीय संस्कृति में तंत्र, योग और संगीत का विशेष महत्व रहा है और इन तीनों का समन्वय भारतीय आध्यात्मिक परंपरा का एक अनूठा पहलू है। यह समन्वय भारतीय दर्शन की समन्वयवादी दृष्टि का परिचायक है, जो विभिन्न मार्गों और विधियों को एक साथ अपनाकर परम सत्य की प्राप्ति का मार्ग प्रशस्त करती है।

अध्याय 9: संगीत और ध्यान

प्रस्तावना

भारतीय संस्कृति में संगीत और ध्यान का अत्यंत गहरा संबंध रहा है। दोनों ही आत्म-साक्षात्कार के महत्वपूर्ण मार्ग हैं, जो साधक को परम आनंद की अनुभूति कराते हैं। संगीत नाद की साधना का मार्ग है, जबकि ध्यान चित्त की एकाग्रता का मार्ग है। इन दोनों का समन्वय साधक को मोक्ष के मार्ग पर अग्रसर करता है।

इस अध्याय में हम संगीत और ध्यान के संबंध का अध्ययन करेंगे और देखेंगे कि कैसे संगीत ध्यान में सहायक होता है और कैसे ध्यान संगीत की गहराई को समझने में सहायक होता है। हम यह भी जानेंगे कि कैसे विभिन्न प्रकार के ध्यान में संगीत का प्रयोग किया जाता है और कैसे संगीत साधक को ध्यान की गहरी अवस्था में पहुँचाने में सहायता करता है।

ध्यान का परिचय

ध्यान शब्द संस्कृत की 'ध्यै' धातु से बना है, जिसका अर्थ है 'चिंतन करना' या 'विचार करना'। ध्यान वह प्रक्रिया है, जिसमें चित्त को एकाग्र करके किसी विषय या वस्तु पर केंद्रित किया जाता है। ध्यान के माध्यम से मन की चंचलता को शांत किया जाता है और चित्त को स्थिर किया जाता है।

ध्यान की उत्पत्ति अत्यंत प्राचीन है। वेदों और उपनिषदों में ध्यान का उल्लेख मिलता है। पतंजलि ने अपने योगसूत्र में ध्यान को अष्टांग योग का सातवाँ अंग बताया है। बुद्ध ने भी ध्यान (विपश्यना) को मोक्ष प्राप्ति का मार्ग बताया है।

ध्यान के प्रमुख ग्रंथों में पतंजलि का योगसूत्र, विपश्यना सूत्र, ध्यानबिंदु उपनिषद, विज्ञान भैरव तंत्र आदि प्रमुख हैं। इन ग्रंथों में ध्यान के सिद्धांतों और विधियों का विस्तृत वर्णन मिलता है।

ध्यान के प्रमुख सिद्धांत

ध्यान के प्रमुख सिद्धांत निम्नलिखित हैं:

1. एकाग्रता

ध्यान का मूल सिद्धांत एकाग्रता है। एकाग्रता का अर्थ है चित्त को एक बिंदु पर केंद्रित करना। जब चित्त एकाग्र होता है, तब वह शांत और स्थिर होता है और साधक को आत्म-साक्षात्कार होता है।

पतंजलि के योगसूत्र में एकाग्रता का वर्णन इस प्रकार किया गया है:

''तत्र प्रत्ययैकतानता ध्यानम्।''

अर्थात्, "किसी एक विषय पर चित्त की एकतानता (एकाग्रता) ही ध्यान है।"

2. साक्षीभाव

ध्यान का दूसरा महत्वपूर्ण सिद्धांत साक्षीभाव है। साक्षीभाव का अर्थ है अपने विचारों, भावनाओं और अनुभवों का बिना किसी निर्णय या प्रतिक्रिया के केवल साक्षी बने रहना। जब साधक साक्षीभाव में होता है, तब वह अपने विचारों और भावनाओं से अलग होकर उन्हें केवल देखता है, उनसे प्रभावित नहीं होता।

विपश्यना सूत्र में साक्षीभाव का वर्णन इस प्रकार किया गया है:

''सब्बे धम्मा अनत्ता ति यदा पञ्ञाय पस्सति
अथ निब्बिन्दति दुक्खे एस मग्गो विसुद्धिया।''

अर्थात्, "जब प्रज्ञा से देखता है कि सभी धर्म (पदार्थ) अनात्म हैं, तब दुःख से विरक्त हो जाता है यही विशुद्धि का मार्ग है।"

3. अनासक्ति

ध्यान का तीसरा महत्वपूर्ण सिद्धांत अनासक्ति है। अनासक्ति का अर्थ है किसी भी विषय या वस्तु से आसक्त न होना। जब साधक अनासक्त होता है, तब वह किसी भी विषय या वस्तु से बंधता नहीं है और उसे आत्म-साक्षात्कार होता है।

भगवद्गीता में अनासक्ति का वर्णन इस प्रकार किया गया है:

"कर्मण्येवाधिकारस्ते मा फलेषु कदाचना

मा कर्मफलहेतुर्भूर्मा ते सङ्गोऽस्त्वकर्मणि।"

अर्थात्, "कर्म करने में ही तुम्हारा अधिकार है, फल में कभी नहीं। इसलिए तुम कर्मफल के हेतु मत बनो और अकर्म में भी तुम्हारी आसक्ति न हो।"

4. समता

ध्यान का चौथा महत्वपूर्ण सिद्धांत समता है। समता का अर्थ है सुख-दुःख, लाभ-हानि, जय-पराजय आदि द्वंद्वों में समान भाव रखना। जब साधक समता में होता है, तब वह किसी भी परिस्थिति में विचलित नहीं होता और उसे आत्म-साक्षात्कार होता है।

भगवद्गीता में समता का वर्णन इस प्रकार किया गया है:

"सुखदुःखे समे कृत्वा लाभालाभौ जयाजयौ।

ततो युद्धाय युज्यस्व नैवं पापमवाप्स्यसि।"

अर्थात्, "सुख-दुःख, लाभ-हानि, जय-पराजय को समान समझकर युद्ध के लिए तैयार हो जाओ। इस प्रकार तुम पाप को प्राप्त नहीं होगे।"

ध्यान की प्रमुख विधियाँ

ध्यान की अनेक विधियाँ हैं, जिनमें से प्रमुख विधियाँ निम्नलिखित हैं:

1. अनापानसति

अनापानसति बुद्ध द्वारा सिखाई गई ध्यान की एक विधि है, जिसमें श्वास पर ध्यान केंद्रित किया जाता है। इस विधि में साधक अपनी श्वास के आने-जाने पर ध्यान केंद्रित करता है और उसका साक्षी बना रहता है।

अनापानसति की विधि इस प्रकार है:

- सुखासन या पद्मासन में बैठें। - आँखें बंद करें और श्वास पर ध्यान केंद्रित करें। - श्वास के आने-जाने का साक्षी बनें, उसे नियंत्रित न करें। - जब मन भटके, तो बिना किसी निर्णय या प्रतिक्रिया के उसे वापस श्वास पर ले आएँ। - इस अभ्यास को नियमित रूप से करें।

2. विपश्यना

विपश्यना बुद्ध द्वारा सिखाई गई ध्यान की एक अन्य विधि है, जिसमें शरीर की संवेदनाओं पर ध्यान केंद्रित किया जाता है। इस विधि में साधक अपने शरीर की विभिन्न संवेदनाओं का साक्षी बना रहता है और उनसे न तो आकर्षित होता है और न ही विकर्षित।

विपश्यना की विधि इस प्रकार है:

- सुखासन या पद्मासन में बैठें। - आँखें बंद करें और शरीर की संवेदनाओं पर ध्यान केंद्रित करें। - शरीर के विभिन्न भागों में होने वाली संवेदनाओं का साक्षी बनें, उनसे न तो आकर्षित हों और न ही विकर्षित। - जब मन भटके, तो बिना किसी निर्णय या प्रतिक्रिया के उसे वापस संवेदनाओं पर ले आएँ। - इस अभ्यास को नियमित रूप से करें।

3. त्राटक

त्राटक एक प्राचीन ध्यान विधि है, जिसमें किसी बिंदु या वस्तु पर दृष्टि को स्थिर किया जाता है। इस विधि में साधक अपनी दृष्टि को एक बिंदु पर केंद्रित करता है और उसे बिना पलक झपकाए देखता रहता है।

त्राटक की विधि इस प्रकार है:

- सुखासन या पद्मासन में बैठें। - अपने सामने एक दीपक या मोमबत्ती जलाएँ या किसी बिंदु या वस्तु को रखें। - अपनी दृष्टि को उस बिंदु या वस्तु पर केंद्रित करें और उसे बिना पलक झपकाए देखते रहें। - जब आँखों में जलन या आँसू आने लगें, तो आँखें बंद करें और उस बिंदु या वस्तु का आंतरिक चित्र देखें। - इस अभ्यास को नियमित रूप से करें।

4. अजपा जाप

अजपा जाप एक प्राचीन ध्यान विधि है, जिसमें श्वास के साथ-साथ 'सोऽहम्' या 'हंस' मंत्र का जप किया जाता है। इस विधि में साधक श्वास लेते समय 'सो' और श्वास छोड़ते समय 'हम्' का जप करता है, या श्वास लेते समय 'हं' और श्वास छोड़ते समय 'स' का जप करता है।

अजपा जाप की विधि इस प्रकार है:

- सुखासन या पद्मासन में बैठें। - आँखें बंद करें और श्वास पर ध्यान केंद्रित करें। - श्वास लेते समय 'सो' और श्वास छोड़ते समय 'हम्' का मानसिक जप करें, या श्वास लेते समय 'हं' और श्वास छोड़ते समय 'स' का मानसिक जप करें। - इस अभ्यास को नियमित रूप से करें।

5. कुण्डलिनी ध्यान

कुण्डलिनी ध्यान एक तांत्रिक ध्यान विधि है, जिसमें कुण्डलिनी शक्ति को जागृत करके सुषुम्ना नाड़ी के माध्यम से ऊपर की ओर ले जाया जाता है। इस विधि में साधक मूलाधार चक्र से लेकर सहस्रार चक्र तक ध्यान को केंद्रित करता है और कुण्डलिनी शक्ति को जागृत करता है।

कुण्डलिनी ध्यान की विधि इस प्रकार है:

- सिद्धासन या पद्मासन में बैठें। - आँखें बंद करें और मूलाधार चक्र पर ध्यान केंद्रित करें।

- मूलाधार चक्र में कुण्डलिनी शक्ति का ध्यान करें और उसे जागृत करने का प्रयास करें।

- कुण्डलिनी शक्ति को सुषुम्ना नाड़ी के माध्यम से ऊपर की ओर ले जाएँ और क्रमशः

स्वाधिष्ठान, मणिपुर, अनाहत, विशुद्ध, आज्ञा और सहस्रार चक्र तक पहुँचाएँ - सहस्रार चक्र में कुण्डलिनी शक्ति का शिव से मिलन का ध्यान करें। - इस अभ्यास को नियमित रूप से करें।

संगीत और ध्यान का संबंध

संगीत और ध्यान का गहरा संबंध है। दोनों ही आत्म-साक्षात्कार के मार्ग हैं, जो साधक को परम आनंद की अनुभूति कराते हैं। संगीत नाद की साधना का मार्ग है, जबकि ध्यान चित्त की एकाग्रता का मार्ग है। इन दोनों का समन्वय साधक को मोक्ष के मार्ग पर अग्रसर करता है।

संगीत द्वारा ध्यान

संगीत ध्यान में सहायक होता है। संगीत की मधुर ध्वनि साधक के चित्त को एकाग्र करने में सहायता करती है और उसे ध्यान की गहरी अवस्था में पहुँचाती है। संगीत द्वारा ध्यान की अनेक विधियाँ हैं, जिनमें से प्रमुख विधियाँ निम्नलिखित हैं:

1. नाद ध्यान

नाद ध्यान में संगीत की ध्वनि पर ध्यान केंद्रित किया जाता है। इस विधि में साधक किसी वाद्य यंत्र की ध्वनि या गायन पर ध्यान केंद्रित करता है और उसका साक्षी बना रहता है।

नाद ध्यान की विधि इस प्रकार है:

- सुखासन या पद्मासन में बैठें। - आँखें बंद करें और संगीत की ध्वनि पर ध्यान केंद्रित करें। - संगीत की ध्वनि का साक्षी बनें, उससे न तो आकर्षित हों और न ही विकर्षित। - जब मन भटके, तो बिना किसी निर्णय या प्रतिक्रिया के उसे वापस संगीत की ध्वनि पर ले आएँ। - इस अभ्यास को नियमित रूप से करें।

2. मंत्र ध्यान

मंत्र ध्यान में मंत्रों के जप पर ध्यान केंद्रित किया जाता है। इस विधि में साधक किसी मंत्र का जप करता है और उसकी ध्वनि पर ध्यान केंद्रित करता है।

मंत्र ध्यान की विधि इस प्रकार है:

- सुखासन या पद्मासन में बैठें। - आँखें बंद करें और मंत्र के जप पर ध्यान केंद्रित करें। - मंत्र का जप करें और उसकी ध्वनि का साक्षी बनें। - जब मन भटके, तो बिना किसी निर्णय या प्रतिक्रिया के उसे वापस मंत्र के जप पर ले आएँ - इस अभ्यास को नियमित रूप से करें।

3. राग ध्यान

राग ध्यान में किसी विशेष राग पर ध्यान केंद्रित किया जाता है। इस विधि में साधक किसी राग को सुनता है या गाता है और उसकी ध्वनि पर ध्यान केंद्रित करता है।

राग ध्यान की विधि इस प्रकार है:

- सुखासन या पद्मासन में बैठें। - आँखें बंद करें और राग की ध्वनि पर ध्यान केंद्रित करें। - राग को सुनें या गाएँ और उसकी ध्वनि का साक्षी बनें। - जब मन भटके, तो बिना किसी निर्णय या प्रतिक्रिया के उसे वापस राग की ध्वनि पर ले आएँ - इस अभ्यास को नियमित रूप से करें।

4. ताल ध्यान

ताल ध्यान में किसी विशेष ताल पर ध्यान केंद्रित किया जाता है। इस विधि में साधक किसी ताल को सुनता है या बजाता है और उसकी ध्वनि पर ध्यान केंद्रित करता है।

ताल ध्यान की विधि इस प्रकार है:

- सुखासन या पद्मासन में बैठें। - आँखें बंद करें और ताल की ध्वनि पर ध्यान केंद्रित करें। - ताल को सुनें या बजाएँ और उसकी ध्वनि का साक्षी बनें। - जब मन भटके, तो बिना किसी निर्णय या प्रतिक्रिया के उसे वापस ताल की ध्वनि पर ले आएँ - इस अभ्यास को नियमित रूप से करें।

ध्यान द्वारा संगीत

ध्यान संगीत की गहराई को समझने में सहायक होता है। ध्यान के माध्यम से साधक संगीत के सूक्ष्म तत्वों को समझ सकता है और उसकी गहराई में उतर सकता है। ध्यान द्वारा संगीत की अनेक विधियाँ हैं, जिनमें से प्रमुख विधियाँ निम्नलिखित हैं:

1. स्वर ध्यान

स्वर ध्यान में संगीत के स्वरों पर ध्यान केंद्रित किया जाता है। इस विधि में साधक संगीत के स्वरों को सुनता है या गाता है और उनकी सूक्ष्मता पर ध्यान केंद्रित करता है।

स्वर ध्यान की विधि इस प्रकार है:

- सुखासन या पद्मासन में बैठें। - आँखें बंद करें और संगीत के स्वरों पर ध्यान केंद्रित करें। - स्वरों को सुनें या गाएँ और उनकी सूक्ष्मता का अनुभव करें। - जब मन भटके, तो बिना किसी निर्णय या प्रतिक्रिया के उसे वापस स्वरों पर ले आएँ। - इस अभ्यास को नियमित रूप से करें।

2. लय ध्यान

लय ध्यान में संगीत की लय पर ध्यान केंद्रित किया जाता है। इस विधि में साधक संगीत की लय को सुनता है या अनुभव करता है और उसकी सूक्ष्मता पर ध्यान केंद्रित करता है।

लय ध्यान की विधि इस प्रकार है:

- सुखासन या पद्मासन में बैठें। - आँखें बंद करें और संगीत की लय पर ध्यान केंद्रित करें। - लय को सुनें या अनुभव करें और उसकी सूक्ष्मता का अनुभव करें। - जब मन भटके, तो बिना किसी निर्णय या प्रतिक्रिया के उसे वापस लय पर ले आएँ। - इस अभ्यास को नियमित रूप से करें।

3. भाव ध्यान

भाव ध्यान में संगीत के भावों पर ध्यान केंद्रित किया जाता है। इस विधि में साधक संगीत के भावों को अनुभव करता है और उनकी सूक्ष्मता पर ध्यान केंद्रित करता है।

भाव ध्यान की विधि इस प्रकार है:

- सुखासन या पद्मासन में बैठें। - आँखें बंद करें और संगीत के भावों पर ध्यान केंद्रित करें। - भावों को अनुभव करें और उनकी सूक्ष्मता का अनुभव करें। - जब मन भटके, तो बिना किसी निर्णय या प्रतिक्रिया के उसे वापस भावों पर ले आएँ। - इस अभ्यास को नियमित रूप से करें।

4. रस ध्यान

रस ध्यान में संगीत के रसों पर ध्यान केंद्रित किया जाता है। इस विधि में साधक संगीत के रसों को अनुभव करता है और उनकी सूक्ष्मता पर ध्यान केंद्रित करता है।

रस ध्यान की विधि इस प्रकार है:

- सुखासन या पद्मासन में बैठें। - आँखें बंद करें और संगीत के रसों पर ध्यान केंद्रित करें। - रसों को अनुभव करें और उनकी सूक्ष्मता का अनुभव करें। - जब मन भटके, तो बिना किसी निर्णय या प्रतिक्रिया के उसे वापस रसों पर ले आएँ। - इस अभ्यास को नियमित रूप से करें।

ध्यान में संगीत का प्रयोग

ध्यान में संगीत का प्रयोग अत्यंत प्राचीन है। विभिन्न प्रकार के ध्यान में विभिन्न प्रकार के संगीत का प्रयोग किया जाता है, जो ध्यान के उद्देश्य और प्रकृति के अनुसार भिन्न-भिन्न होता है।

विभिन्न प्रकार के ध्यान में संगीत

विभिन्न प्रकार के ध्यान में विभिन्न प्रकार के संगीत का प्रयोग किया जाता है। कुछ प्रमुख ध्यान और उनमें प्रयुक्त संगीत निम्नलिखित हैं:

1. अनापानसति में संगीत

अनापानसति ध्यान में शांत और मधुर संगीत का प्रयोग किया जाता है, जो साधक के श्वास को शांत और नियमित करने में सहायक होता है। इस ध्यान में बाँसुरी, सितार, संतूर आदि वाद्य यंत्रों का प्रयोग किया जाता है, जिनकी ध्वनि शांत और मधुर होती है।

2. विपश्यना में संगीत

विपश्यना ध्यान में भी शांत और मधुर संगीत का प्रयोग किया जाता है, जो साधक के शरीर की संवेदनाओं को शांत और स्थिर करने में सहायक होता है। इस ध्यान में भी बाँसुरी, सितार, संतूर आदि वाद्य यंत्रों का प्रयोग किया जाता है।

3. त्राटक में संगीत

त्राटक ध्यान में शांत और एकरस संगीत का प्रयोग किया जाता है, जो साधक की दृष्टि को स्थिर करने में सहायक होता है। इस ध्यान में तानपुरा, श्रुति बॉक्स आदि वाद्य यंत्रों का प्रयोग किया जाता है, जिनकी ध्वनि एकरस होती है।

4. अजपा जाप में संगीत

अजपा जाप ध्यान में लयबद्ध संगीत का प्रयोग किया जाता है, जो साधक के श्वास और मंत्र जप को लयबद्ध करने में सहायक होता है। इस ध्यान में तबला, पखावज, मृदंग आदि वाद्य यंत्रों का प्रयोग किया जाता है, जिनकी ध्वनि लयबद्ध होती है।

5. कुण्डलिनी ध्यान में संगीत

कुण्डलिनी ध्यान में उत्तेजक और शक्तिशाली संगीत का प्रयोग किया जाता है, जो साधक की कुण्डलिनी शक्ति को जागृत करने में सहायक होता है। इस ध्यान में डमरू, शंख, घंटा आदि वाद्य यंत्रों का प्रयोग किया जाता है, जिनकी ध्वनि उत्तेजक और शक्तिशाली होती है।

विभिन्न रागों का ध्यान में प्रयोग

विभिन्न रागों का ध्यान में विशेष प्रयोग किया जाता है। प्रत्येक राग का अपना विशिष्ट प्रभाव होता है, जो साधक के मन और शरीर पर विशेष प्रभाव डालता है। कुछ प्रमुख राग और उनके ध्यान में प्रयोग निम्नलिखित हैं:

1. राग भैरव

राग भैरव का ध्यान में विशेष प्रयोग किया जाता है। यह राग प्रातःकाल का राग है और इसका प्रभाव शांत और गंभीर होता है। इस राग का प्रयोग अनापानसति और विपश्यना ध्यान में किया जाता है, जिससे साधक का मन शांत और एकाग्र होता है।

राग भैरव की विशेषता यह है कि इसमें कोमल ऋषभ और कोमल धैवत का प्रयोग किया जाता है, जिससे इसकी ध्वनि गंभीर और शांत होती है। इस राग का आरोह-अवरोह इस प्रकार है:

आरोह: सा रे॒ ग म प ध॒ नि सां अवरोह: सां नि ध॒ प म ग रे॒ सा

2. राग यमन

राग यमन का ध्यान में विशेष प्रयोग किया जाता है। यह राग सायंकाल का राग है और इसका प्रभाव आनंददायक और उत्साहवर्धक होता है। इस राग का प्रयोग कुण्डलिनी ध्यान में किया जाता है, जिससे साधक की कुण्डलिनी शक्ति जागृत होती है।

राग यमन की विशेषता यह है कि इसमें तीव्र मध्यम और शुद्ध नि का प्रयोग किया जाता है, जिससे इसकी ध्वनि आनंददायक और उत्साहवर्धक होती है। इस राग का आरोह-अवरोह इस प्रकार है:

आरोह: सा रे ग म॑ प ध नि सां अवरोह: सां नि ध प म॑ ग रे सा

3. राग भीमपलासी

राग भीमपलासी का ध्यान में विशेष प्रयोग किया जाता है। यह राग दोपहर का राग है और इसका प्रभाव करुण और भावपूर्ण होता है। इस राग का प्रयोग भाव ध्यान और रस ध्यान में किया जाता है, जिससे साधक के भाव और रस जागृत होते हैं।

राग भीमपलासी की विशेषता यह है कि इसमें कोमल गांधार, कोमल निषाद और शुद्ध मध्यम का प्रयोग किया जाता है, जिससे इसकी ध्वनि करुण और भावपूर्ण होती है। इस राग का आरोह-अवरोह इस प्रकार है:

आरोह: सा ग़ म प ध नि॒ सां अवरोह: सां नि॒ ध प म ग़ रे सा

4. राग दरबारी

राग दरबारी का ध्यान में विशेष प्रयोग किया जाता है। यह राग रात्रि का राग है और इसका प्रभाव गंभीर और शांत होता है। इस राग का प्रयोग त्राटक और अजपा जाप ध्यान में किया जाता है, जिससे साधक का मन गंभीर और शांत होता है।

राग दरबारी की विशेषता यह है कि इसमें कोमल गांधार, कोमल धैवत और कोमल निषाद का प्रयोग किया जाता है, जिससे इसकी ध्वनि गंभीर और शांत होती है। इस राग का आरोह-अवरोह इस प्रकार है:

आरोह: सा रे ग़ म प ध॒ नि॒ सां अवरोह: सां नि॒ ध॒ प म ग़ रे सा

विभिन्न तालों का ध्यान में प्रयोग

विभिन्न तालों का ध्यान में विशेष प्रयोग किया जाता है। प्रत्येक ताल का अपना विशिष्ट प्रभाव होता है, जो साधक के मन और शरीर पर विशेष प्रभाव डालता है। कुछ प्रमुख ताल और उनके ध्यान में प्रयोग निम्नलिखित हैं:

1. तीनताल

तीनताल का ध्यान में विशेष प्रयोग किया जाता है। यह 16 मात्राओं का ताल है और इसका प्रभाव संतुलित और स्थिर होता है। इस ताल का प्रयोग अनापानसति और विपश्यना ध्यान में किया जाता है, जिससे साधक का मन संतुलित और स्थिर होता है।

तीनताल की विशेषता यह है कि इसमें 4 विभाग होते हैं, प्रत्येक विभाग में 4-4 मात्राएँ होती हैं। इस ताल का ठेका इस प्रकार है:

धा धिं धिं धा। धा धिं धिं धा। धा तिं तिं ता। ता धिं धिं धा। X   2   0   3

2. झपताल

झपताल का ध्यान में विशेष प्रयोग किया जाता है। यह 10 मात्राओं का ताल है और इसका प्रभाव गतिशील और प्रवाहमय होता है। इस ताल का प्रयोग कुण्डलिनी ध्यान में किया जाता है, जिससे साधक की कुण्डलिनी शक्ति गतिशील होती है।

झपताल की विशेषता यह है कि इसमें 4 विभाग होते हैं, जिनमें क्रमशः 2, 3, 2 और 3 मात्राएँ होती हैं। इस ताल का ठेका इस प्रकार है:

धी ना। धी धी ना। ती ना। धी धी ना। X   2   0   3

3. एकताल

एकताल का ध्यान में विशेष प्रयोग किया जाता है। यह 12 मात्राओं का ताल है और इसका प्रभाव विस्तृत और गंभीर होता है। इस ताल का प्रयोग त्राटक और अजपा जाप ध्यान में किया जाता है, जिससे साधक का मन विस्तृत और गंभीर होता है।

एकताल की विशेषता यह है कि इसमें 6 विभाग होते हैं, प्रत्येक विभाग में 2-2 मात्राएँ होती हैं। इस ताल का ठेका इस प्रकार है:

धिं धिं। धागे तिरकिट। तू ना। कत्ता धागे। धिं धिं। धागे तिरकिट। X   0   2   0   3   4

4. रूपक ताल

रूपक ताल का ध्यान में विशेष प्रयोग किया जाता है। यह 7 मात्राओं का ताल है और इसका प्रभाव लयबद्ध और प्रवाहमय होता है। इस ताल का प्रयोग भाव ध्यान और रस ध्यान में किया जाता है, जिससे साधक के भाव और रस लयबद्ध होते हैं।

रूपक ताल की विशेषता यह है कि इसमें 3 विभाग होते हैं, जिनमें क्रमशः 3, 2 और 2 मात्राएँ होती हैं। इस ताल का ठेका इस प्रकार है:

तिं तिं ना । धी ना । धी ना । 0   2   3

विभिन्न वाद्य यंत्रों का ध्यान में प्रयोग

विभिन्न वाद्य यंत्रों का ध्यान में विशेष प्रयोग किया जाता है। प्रत्येक वाद्य यंत्र की अपनी विशिष्ट ध्वनि होती है, जो साधक के मन और शरीर पर विशेष प्रभाव डालती है। कुछ प्रमुख वाद्य यंत्र और उनके ध्यान में प्रयोग निम्नलिखित हैं:

1. तानपुरा

तानपुरा का ध्यान में विशेष प्रयोग किया जाता है। यह एक तंत्री वाद्य यंत्र है, जिसकी ध्वनि एकरस और मधुर होती है। इस वाद्य यंत्र का प्रयोग अनापानसति, विपश्यना और त्राटक ध्यान में किया जाता है, जिससे साधक का मन एकाग्र और शांत होता है।

तानपुरा की विशेषता यह है कि इसमें चार तार होते हैं, जिन्हें षड्ज, षड्ज, पंचम और षड्ज (एक सप्तक नीचे) के स्वरों में मिलाया जाता है। इससे एक एकरस और मधुर ध्वनि उत्पन्न होती है, जो साधक के मन को एकाग्र करने में सहायक होती है।

2. बाँसुरी

बाँसुरी का ध्यान में विशेष प्रयोग किया जाता है। यह एक सुषिर वाद्य यंत्र है, जिसकी ध्वनि मधुर और भावपूर्ण होती है। इस वाद्य यंत्र का प्रयोग भाव ध्यान और रस ध्यान में किया जाता है, जिससे साधक के भाव और रस जागृत होते हैं।

बाँसुरी की विशेषता यह है कि इसकी ध्वनि मानव स्वर के समान होती है, जिससे यह साधक के हृदय को स्पर्श करती है और उसके भावों को जागृत करती है।

3. सितार

सितार का ध्यान में विशेष प्रयोग किया जाता है। यह एक तंत्री वाद्य यंत्र है, जिसकी ध्वनि मधुर और विस्तृत होती है। इस वाद्य यंत्र का प्रयोग नाद ध्यान और स्वर ध्यान में किया जाता है, जिससे साधक का नाद और स्वर ज्ञान विकसित होता है।

सितार की विशेषता यह है कि इसमें मुख्य तारों के अलावा अनुनाद तार भी होते हैं, जो मुख्य तारों के स्पंदन से स्वयं स्पंदित होते हैं और एक विशेष प्रकार की ध्वनि उत्पन्न करते हैं, जो साधक के नाद ज्ञान को विकसित करने में सहायक होती है।

4. तबला

तबला का ध्यान में विशेष प्रयोग किया जाता है। यह एक अवनद्ध वाद्य यंत्र है, जिसकी ध्वनि लयबद्ध और ताल प्रधान होती है। इस वाद्य यंत्र का प्रयोग अजपा जाप और ताल ध्यान में किया जाता है, जिससे साधक का मन लयबद्ध होता है।

तबला की विशेषता यह है कि इसमें विभिन्न प्रकार की ध्वनियाँ उत्पन्न की जा सकती हैं, जैसे ना, तिन, धिन, धा, गे, के, ता आदि। इन ध्वनियों के विभिन्न संयोजनों से विभिन्न तालों की रचना की जाती है, जो साधक के मन को लयबद्ध करने में सहायक होती है।

5. संतूर

संतूर का ध्यान में विशेष प्रयोग किया जाता है। यह एक तत वाद्य यंत्र है, जिसकी ध्वनि मधुर और झंकारदार होती है। इस वाद्य यंत्र का प्रयोग नाद ध्यान और स्वर ध्यान में किया जाता है, जिससे साधक का नाद और स्वर ज्ञान विकसित होता है।

संतूर की विशेषता यह है कि इसमें 100 से अधिक तार होते हैं, जिन्हें विभिन्न स्वरों में मिलाया जाता है। इससे एक विशेष प्रकार की झंकारदार ध्वनि उत्पन्न होती है, जो साधक के नाद ज्ञान को विकसित करने में सहायक होती है।

संगीत द्वारा ध्यान के लाभ

संगीत द्वारा ध्यान के अनेक लाभ हैं, जो साधक के शारीरिक, मानसिक और आध्यात्मिक विकास में सहायक होते हैं। कुछ प्रमुख लाभ निम्नलिखित हैं:

शारीरिक लाभ

संगीत द्वारा ध्यान के शारीरिक लाभ निम्नलिखित हैं:

1. तनाव में कमी

संगीत द्वारा ध्यान से शरीर में तनाव कम होता है। संगीत की मधुर ध्वनि शरीर के तनाव को कम करती है और शरीर को आराम देती है। इससे रक्तचाप, हृदय गति और श्वास गति नियंत्रित होती है और शरीर शांत होता है।

2. प्रतिरक्षा प्रणाली में सुधार

संगीत द्वारा ध्यान से शरीर की प्रतिरक्षा प्रणाली मजबूत होती है। संगीत की मधुर ध्वनि शरीर में सकारात्मक हार्मोन्स का स्राव बढ़ाती है, जिससे प्रतिरक्षा प्रणाली मजबूत होती है और शरीर रोगों से लड़ने की क्षमता बढ़ती है।

3. दर्द में कमी

संगीत द्वारा ध्यान से शरीर के दर्द में कमी आती है। संगीत की मधुर ध्वनि शरीर में एंडोर्फिन्स का स्राव बढ़ाती है, जो प्राकृतिक दर्द निवारक हैं। इससे शरीर के दर्द में कमी आती है और साधक को आराम मिलता है।

4. नींद में सुधार

संगीत द्वारा ध्यान से नींद की गुणवत्ता में सुधार होता है। संगीत की मधुर ध्वनि मन को शांत करती है और नींद को गहरा करती है। इससे नींद की गुणवत्ता में सुधार होता है और साधक को आरामदायक नींद मिलती है।

मानसिक लाभ

संगीत द्वारा ध्यान के मानसिक लाभ निम्नलिखित हैं:

1. चिंता में कमी

संगीत द्वारा ध्यान से मन की चिंता कम होती है। संगीत की मधुर ध्वनि मन को शांत करती है और चिंता को कम करती है। इससे मन शांत और स्थिर होता है और साधक को मानसिक शांति मिलती है।

2. अवसाद में कमी

संगीत द्वारा ध्यान से मन के अवसाद में कमी आती है। संगीत की मधुर ध्वनि मन में सकारात्मक भावों को जागृत करती है और अवसाद को कम करती है। इससे मन प्रसन्न और उत्साहित होता है और साधक को मानसिक स्वास्थ्य मिलता है।

3. एकाग्रता में वृद्धि

संगीत द्वारा ध्यान से मन की एकाग्रता बढ़ती है। संगीत की मधुर ध्वनि मन को एक बिंदु पर केंद्रित करती है और विचारों की चंचलता को कम करती है। इससे मन एकाग्र और स्थिर होता है और साधक की एकाग्रता बढ़ती है।

4. स्मृति में सुधार

संगीत द्वारा ध्यान से स्मृति शक्ति में सुधार होता है। संगीत की मधुर ध्वनि मस्तिष्क की कार्यप्रणाली को सुधारती है और स्मृति केंद्रों को सक्रिय करती है। इससे स्मृति शक्ति में सुधार होता है और साधक की याददाश्त बढ़ती है।

आध्यात्मिक लाभ

संगीत द्वारा ध्यान के आध्यात्मिक लाभ निम्नलिखित हैं:

1. आत्म-जागरण

संगीत द्वारा ध्यान से आत्म-जागरण होता है। संगीत की मधुर ध्वनि आत्मा को जागृत करती है और साधक को अपने वास्तविक स्वरूप का बोध कराती है। इससे साधक को आत्म-ज्ञान होता है और वह अपने वास्तविक स्वरूप को पहचानता है।

2. चेतना का विस्तार

संगीत द्वारा ध्यान से चेतना का विस्तार होता है। संगीत की मधुर ध्वनि चेतना के स्तर को ऊपर उठाती है और साधक को उच्च चेतना की अवस्था में पहुँचाती है। इससे साधक की चेतना का विस्तार होता है और वह ब्रह्मांड की एकता का अनुभव करता है।

3. आनंद की अनुभूति

संगीत द्वारा ध्यान से आनंद की अनुभूति होती है। संगीत की मधुर ध्वनि साधक को परम आनंद की अनुभूति कराती है, जो सांसारिक सुखों से परे है। इस आनंद में साधक का अहंकार विलीन हो जाता है और वह परमात्मा से एकाकार हो जाता है।

4. मोक्ष की प्राप्ति

संगीत द्वारा ध्यान से अंततः मोक्ष की प्राप्ति होती है। संगीत की मधुर ध्वनि साधक को संसार के बंधनों से मुक्त करती है और उसे मोक्ष की ओर ले जाती है। इस अवस्था में साधक का जन्म-मरण का चक्र समाप्त हो जाता है और वह परमात्मा में लीन हो जाता है।

ध्यान द्वारा संगीत के लाभ

ध्यान द्वारा संगीत के भी अनेक लाभ हैं, जो संगीतज्ञ के कलात्मक, तकनीकी और आध्यात्मिक विकास में सहायक होते हैं। कुछ प्रमुख लाभ निम्नलिखित हैं:

कलात्मक लाभ

ध्यान द्वारा संगीत के कलात्मक लाभ निम्नलिखित हैं:

1. स्वर ज्ञान में वृद्धि

ध्यान द्वारा संगीत से स्वर ज्ञान में वृद्धि होती है। ध्यान के माध्यम से संगीतज्ञ स्वरों की सूक्ष्मता को समझ सकता है और उनके बीच के अंतर को पहचान सकता है। इससे उसका स्वर ज्ञान विकसित होता है और वह स्वरों का सही प्रयोग कर सकता है।

2. लय ज्ञान में वृद्धि

ध्यान द्वारा संगीत से लय ज्ञान में वृद्धि होती है। ध्यान के माध्यम से संगीतज्ञ लय की सूक्ष्मता को समझ सकता है और उसके विभिन्न प्रकारों को पहचान सकता है। इससे उसका लय ज्ञान विकसित होता है और वह लय का सही प्रयोग कर सकता है।

3. भाव ज्ञान में वृद्धि

ध्यान द्वारा संगीत से भाव ज्ञान में वृद्धि होती है। ध्यान के माध्यम से संगीतज्ञ भावों की सूक्ष्मता को समझ सकता है और उनके विभिन्न प्रकारों को पहचान सकता है। इससे उसका भाव ज्ञान विकसित होता है और वह भावों का सही प्रयोग कर सकता है।

4. रस ज्ञान में वृद्धि

ध्यान द्वारा संगीत से रस ज्ञान में वृद्धि होती है। ध्यान के माध्यम से संगीतज्ञ रसों की सूक्ष्मता को समझ सकता है और उनके विभिन्न प्रकारों को पहचान सकता है। इससे उसका रस ज्ञान विकसित होता है और वह रसों का सही प्रयोग कर सकता है।

तकनीकी लाभ

ध्यान द्वारा संगीत के तकनीकी लाभ निम्नलिखित हैं:

1. तकनीकी कौशल में वृद्धि

ध्यान द्वारा संगीत से तकनीकी कौशल में वृद्धि होती है। ध्यान के माध्यम से संगीतज्ञ अपने वाद्य यंत्र या गायन की तकनीक को सुधार सकता है और उसमें निपुणता प्राप्त कर सकता है। इससे उसका तकनीकी कौशल विकसित होता है और वह अपने वाद्य यंत्र या गायन पर अधिक नियंत्रण प्राप्त कर सकता है।

2. स्मृति शक्ति में वृद्धि

ध्यान द्वारा संगीत से स्मृति शक्ति में वृद्धि होती है। ध्यान के माध्यम से संगीतज्ञ अपनी स्मृति शक्ति को विकसित कर सकता है और अधिक से अधिक रचनाओं को याद रख सकता है। इससे उसकी स्मृति शक्ति विकसित होती है और वह बिना किसी सहायता के अधिक से अधिक रचनाओं का प्रदर्शन कर सकता है।

3. एकाग्रता में वृद्धि

ध्यान द्वारा संगीत से एकाग्रता में वृद्धि होती है। ध्यान के माध्यम से संगीतज्ञ अपनी एकाग्रता को विकसित कर सकता है और अधिक समय तक एक ही रचना पर ध्यान केंद्रित कर सकता है। इससे उसकी एकाग्रता विकसित होती है और वह अधिक समय तक बिना थके संगीत का अभ्यास कर सकता है।

4. सृजनात्मकता में वृद्धि

ध्यान द्वारा संगीत से सृजनात्मकता में वृद्धि होती है। ध्यान के माध्यम से संगीतज्ञ अपनी सृजनात्मकता को विकसित कर सकता है और नई-नई रचनाओं का सृजन कर सकता है। इससे उसकी सृजनात्मकता विकसित होती है और वह अपने संगीत में नवीनता ला सकता है।

आध्यात्मिक लाभ

ध्यान द्वारा संगीत के आध्यात्मिक लाभ निम्नलिखित हैं:

1. नाद ब्रह्म की अनुभूति

ध्यान द्वारा संगीत से नाद ब्रह्म की अनुभूति होती है। ध्यान के माध्यम से संगीतज्ञ नाद ब्रह्म की सूक्ष्मता को समझ सकता है और उसका अनुभव कर सकता है। इससे उसे नाद ब्रह्म की अनुभूति होती है और वह परमात्मा के साथ एकाकार हो जाता है।

2. आत्म-साक्षात्कार

ध्यान द्वारा संगीत से आत्म-साक्षात्कार होता है। ध्यान के माध्यम से संगीतज्ञ अपने वास्तविक स्वरूप को पहचान सकता है और अपनी आत्मा का साक्षात्कार कर सकता है। इससे उसे आत्म-ज्ञान होता है और वह अपने वास्तविक स्वरूप को पहचानता है।

3. परमानंद की प्राप्ति

ध्यान द्वारा संगीत से परमानंद की प्राप्ति होती है। ध्यान के माध्यम से संगीतज्ञ परमानंद की अवस्था में पहुँच सकता है, जहाँ वह सांसारिक सुखों से परे एक दिव्य आनंद का अनुभव

करता है। इस आनंद में उसका अहंकार विलीन हो जाता है और वह परमात्मा से एकाकार हो जाता है।

4. मोक्ष की प्राप्ति

ध्यान द्वारा संगीत से अंततः मोक्ष की प्राप्ति होती है। ध्यान के माध्यम से संगीतज्ञ संसार के बंधनों से मुक्त हो सकता है और मोक्ष प्राप्त कर सकता है। इस अवस्था में उसका जन्म-मरण का चक्र समाप्त हो जाता है और वह परमात्मा में लीन हो जाता है।

संगीत और ध्यान का समन्वय

संगीत और ध्यान का समन्वय साधक को परम आनंद की अनुभूति कराता है और उसे मोक्ष के मार्ग पर अग्रसर करता है। इन दोनों का समन्वय साधना का एक पूर्ण मार्ग प्रदान करता है, जिसमें मन, बुद्धि और आत्मा तीनों का विकास होता है।

नाद योग

नाद योग संगीत और ध्यान का समन्वय है, जिसमें नाद (ध्वनि) के माध्यम से चित्त को एकाग्र किया जाता है और समाधि की अवस्था प्राप्त की जाती है। नाद योग में अनाहत नाद का श्रवण विशेष महत्व रखता है।

नाद योग की प्रमुख विधियाँ निम्नलिखित हैं:

1. ओंकार साधना

ओंकार साधना में 'ॐ' मंत्र का जप किया जाता है, जो ब्रह्मांड की मूल ध्वनि है। 'ॐ' मंत्र का जप विशिष्ट स्वर और लय में किया जाता है, जिससे साधक का चित्त एकाग्र होता है और वह समाधि की अवस्था में पहुँचता है।

ओंकार साधना की विधि इस प्रकार है:

- सुखासन या पद्मासन में बैठें। - आँखें बंद करें और श्वास पर ध्यान केंद्रित करें। - गहरी श्वास लें और 'ॐ' का उच्चारण करें। - 'ॐ' के उच्चारण में 'अ' ध्वनि नाभि से, 'उ' ध्वनि

कंठ से और 'म' ध्वनि मस्तिष्क से उत्पन्न करें। - 'ॐ' के उच्चारण को धीरे-धीरे लंबा करें और उसकी गूँज पर ध्यान केंद्रित करें। - इस अभ्यास को नियमित रूप से करें।

2. भ्रामरी प्राणायाम

भ्रामरी प्राणायाम में भौंरे की गुनगुनाहट जैसी ध्वनि उत्पन्न की जाती है, जिससे साधक का चित्त एकाग्र होता है और वह समाधि की अवस्था में पहुँचता है।

भ्रामरी प्राणायाम की विधि इस प्रकार है:

- सुखासन या पद्मासन में बैठें। - आँखें बंद करें और श्वास पर ध्यान केंद्रित करें। - गहरी श्वास लें और श्वास छोड़ते समय भौंरे की गुनगुनाहट जैसी ध्वनि उत्पन्न करें। - इस ध्वनि को धीरे-धीरे लंबा करें और उसकी गूँज पर ध्यान केंद्रित करें। - इस अभ्यास को नियमित रूप से करें।

3. नाद अनुसंधान

नाद अनुसंधान में अनाहत नाद का श्रवण किया जाता है, जिससे साधक का चित्त एकाग्र होता है और वह समाधि की अवस्था में पहुँचता है।

नाद अनुसंधान की विधि इस प्रकार है:

- सुखासन या पद्मासन में बैठें। - आँखें बंद करें और श्वास पर ध्यान केंद्रित करें। - अपने कानों को अंगूठों से बंद करें और अंतर्मुखी होकर अनाहत नाद का श्रवण करें। - शुरू में आप विभिन्न प्रकार की ध्वनियाँ सुनेंगे, जैसे समुद्र की गर्जना, बादलों की गड़गड़ाहट, घंटे की ध्वनि आदि। - धीरे-धीरे ये ध्वनियाँ एक सूक्ष्म ध्वनि में परिवर्तित हो जाएँगी, जो अनाहत नाद है। - इस अनाहत नाद पर ध्यान केंद्रित करें और उसमें लीन हो जाएँ। - इस अभ्यास को नियमित रूप से करें।

कीर्तन योग

कीर्तन योग भी संगीत और ध्यान का समन्वय है, जिसमें भजनों और मंत्रों के गायन के माध्यम से चित्त को एकाग्र किया जाता है और भक्ति भाव जागृत किया जाता है। कीर्तन योग में भक्ति और प्रेम का भाव विशेष महत्व रखता है।

कीर्तन योग की प्रमुख विधियाँ निम्नलिखित हैं:

1. नाम संकीर्तन

नाम संकीर्तन में भगवान के नामों का गायन किया जाता है, जिससे साधक का चित्त एकाग्र होता है और उसमें भक्ति भाव जागृत होता है।

नाम संकीर्तन की विधि इस प्रकार है:

- सुखासन या पद्मासन में बैठें या खड़े होकर कीर्तन करें। - भगवान के नामों का गायन करें, जैसे 'हरे कृष्ण हरे कृष्ण कृष्ण कृष्ण हरे हरे, हरे राम हरे राम राम राम हरे हरे'। - गायन के साथ-साथ ताली बजाएँ या वाद्य यंत्र बजाएँ - गायन में पूरे मन और भाव से लीन हो जाएँ - इस अभ्यास को नियमित रूप से करें।

2. भजन कीर्तन

भजन कीर्तन में भगवान की स्तुति के भजनों का गायन किया जाता है, जिससे साधक का चित्त एकाग्र होता है और उसमें भक्ति भाव जागृत होता है।

भजन कीर्तन की विधि इस प्रकार है:

- सुखासन या पद्मासन में बैठें या खड़े होकर कीर्तन करें - भगवान की स्तुति के भजनों का गायन करें। - गायन के साथ-साथ ताली बजाएँ या वाद्य यंत्र बजाएँ - गायन में पूरे मन और भाव से लीन हो जाएँ - इस अभ्यास को नियमित रूप से करें

3. धुन कीर्तन

धुन कीर्तन में भगवान के नामों या मंत्रों की धुन का गायन किया जाता है, जिससे साधक का चित्त एकाग्र होता है और उसमें भक्ति भाव जागृत होता है।

धुन कीर्तन की विधि इस प्रकार है:

- सुखासन या पद्मासन में बैठें या खड़े होकर कीर्तन करें। - भगवान के नामों या मंत्रों की धुन का गायन करें। - गायन के साथ-साथ ताली बजाएँ या वाद्य यंत्र बजाएँ - गायन में पूरे मन और भाव से लीन हो जाएँ - इस अभ्यास को नियमित रूप से करें।

मंत्र योग

मंत्र योग भी संगीत और ध्यान का समन्वय है, जिसमें मंत्रों के जप के माध्यम से चित्त को एकाग्र किया जाता है और आध्यात्मिक ऊर्जा जागृत की जाती है। मंत्र योग में मंत्रों की ध्वनि और उनके अर्थ का ज्ञान विशेष महत्व रखता है।

मंत्र योग की प्रमुख विधियाँ निम्नलिखित हैं:

1. जप योग

जप योग में मंत्रों का जप किया जाता है, जिससे साधक का चित्त एकाग्र होता है और उसमें आध्यात्मिक ऊर्जा जागृत होती है।

जप योग की विधि इस प्रकार है:

- सुखासन या पद्मासन में बैठें। - आँखें बंद करें और श्वास पर ध्यान केंद्रित करें। - मंत्र का जप करें, जैसे 'ॐ नमः शिवाय', 'ॐ नमो भगवते वासुदेवाय', 'ॐ गं गणपतये नमः' आदि। - जप की तीन विधियाँ हैं: वाचिक (मुख से), उपांशु (होठों से) और मानसिक (मन से)। - जप के साथ-साथ माला का प्रयोग करें। - जप में पूरे मन और भाव से लीन हो जाएँ - इस अभ्यास को नियमित रूप से करें।

2. मंत्र ध्यान

मंत्र ध्यान में मंत्रों के अर्थ और भाव पर ध्यान केंद्रित किया जाता है, जिससे साधक का चित्त एकाग्र होता है और उसमें आध्यात्मिक ऊर्जा जागृत होती है।

मंत्र ध्यान की विधि इस प्रकार है:

- सुखासन या पद्मासन में बैठें। - आँखें बंद करें और श्वास पर ध्यान केंद्रित करें। - मंत्र का जप करें और उसके अर्थ और भाव पर ध्यान केंद्रित करें। - मंत्र के अर्थ और भाव में पूरी तरह से लीन हो जाएँ - इस अभ्यास को नियमित रूप से करें।

3. मंत्र लेखन

मंत्र लेखन में मंत्रों को लिखा जाता है, जिससे साधक का चित्त एकाग्र होता है और उसमें आध्यात्मिक ऊर्जा जागृत होती है।

मंत्र लेखन की विधि इस प्रकार है:

- सुखासन या पद्मासन में बैठें। - एक नोटबुक और पेन लें। - मंत्र को लिखें, जैसे 'ॐ नमः शिवाय', 'ॐ नमो भगवते वासुदेवाय', 'ॐ गं गणपतये नमः' आदि। - लेखन के साथ-साथ मंत्र का मानसिक जप भी करें। - लेखन में पूरे मन और भाव से लीन हो जाएँ - इस अभ्यास को नियमित रूप से करें।

निष्कर्ष

संगीत और ध्यान दोनों ही आत्म-साक्षात्कार के मार्ग हैं, जो साधक को परम आनंद की अनुभूति कराते हैं और उसे मोक्ष के मार्ग पर अग्रसर करते हैं। संगीत नाद की साधना का मार्ग है, जबकि ध्यान चित्त की एकाग्रता का मार्ग है। इन दोनों का समन्वय साधक को मोक्ष के मार्ग पर अग्रसर करता है।

संगीत ध्यान में सहायक होता है। संगीत की मधुर ध्वनि साधक के चित्त को एकाग्र करने में सहायता करती है और उसे ध्यान की गहरी अवस्था में पहुँचाती है। विभिन्न प्रकार के ध्यान में विभिन्न प्रकार के संगीत का प्रयोग किया जाता है, जो ध्यान के उद्देश्य और प्रकृति के अनुसार भिन्न-भिन्न होता है।

ध्यान संगीत की गहराई को समझने में सहायक होता है। ध्यान के माध्यम से साधक संगीत के सूक्ष्म तत्वों को समझ सकता है और उसकी गहराई में उतर सकता है। ध्यान द्वारा संगीत के अनेक लाभ हैं, जो संगीतज्ञ के कलात्मक, तकनीकी और आध्यात्मिक विकास में सहायक होते हैं।

संगीत और ध्यान का समन्वय नाद योग, कीर्तन योग और मंत्र योग में देखा जा सकता है, जिनमें संगीत और ध्यान दोनों का प्रयोग किया जाता है। इन योगों के माध्यम से साधक अपने चित्त को एकाग्र कर सकता है और आत्म-साक्षात्कार प्राप्त कर सकता है।

भारतीय संस्कृति में संगीत और ध्यान का विशेष महत्व रहा है और इन दोनों का समन्वय भारतीय आध्यात्मिक परंपरा का एक अनूठा पहलू है। यह समन्वय भारतीय दर्शन की समन्वयवादी दृष्टि का परिचायक है, जो विभिन्न मार्गों और विधियों को एक साथ अपनाकर परम सत्य की प्राप्ति का मार्ग प्रशस्त करती है।

अध्याय 10: भारतीय संगीत का दार्शनिक पक्ष

प्रस्तावना

भारतीय संगीत केवल कला मात्र नहीं है, बल्कि यह एक गहन दार्शनिक अनुभूति का माध्यम भी है। भारतीय दर्शन और संगीत का संबंध इतना गहरा है कि दोनों को अलग करके देखना असंभव है। भारतीय संगीत की प्रत्येक स्वर लहरी, प्रत्येक ताल और प्रत्येक राग में दार्शनिक तत्वों का समावेश है। इस अध्याय में हम भारतीय संगीत के दार्शनिक पक्ष का विस्तृत विवेचन करेंगे और समझेंगे कि कैसे भारतीय दर्शन के विभिन्न सिद्धांत संगीत के माध्यम से अभिव्यक्त होते हैं।

भारतीय संगीत का दार्शनिक पक्ष इसकी आत्मा है, जो इसे केवल मनोरंजन के साधन से ऊपर उठाकर आध्यात्मिक अनुभूति का माध्यम बनाता है। यह दार्शनिक पक्ष ही है जो भारतीय संगीत को विश्व के अन्य संगीत परंपराओं से अलग करता है और इसे एक विशिष्ट पहचान प्रदान करता है।

भारतीय दर्शन के मूल तत्व और संगीत

भारतीय दर्शन के मूल तत्वों का प्रभाव संगीत पर स्पष्ट रूप से देखा जा सकता है। भारतीय दर्शन के प्रमुख सिद्धांत जैसे अद्वैत, द्वैत, विशिष्टाद्वैत, सांख्य, योग, न्याय, वैशेषिक, मीमांसा और वेदांत का प्रभाव संगीत के विभिन्न पहलुओं पर पड़ा है।

अद्वैत दर्शन और संगीत

अद्वैत दर्शन के अनुसार, ब्रह्म और आत्मा एक ही हैं, और यह एकता ही परम सत्य है। इसी प्रकार, संगीत में भी स्वर और नाद की एकता का सिद्धांत महत्वपूर्ण है। जब संगीतकार अपने वाद्य यंत्र या गायन के माध्यम से स्वरों का सृजन करता है, तो वह स्वयं

को उन स्वरों में विलीन कर देता है, जिससे द्वैत का अंत होकर अद्वैत की अनुभूति होती है

आचार्य शंकर, जो अद्वैत दर्शन के प्रमुख प्रवर्तक थे, स्वयं भी उत्कृष्ट संगीतज्ञ थे उन्होंने अनेक स्तोत्रों और भजनों की रचना की, जिनमें अद्वैत के सिद्धांतों को संगीतमय रूप में प्रस्तुत किया गया है उनका प्रसिद्ध भजन "भज गोविंदम्" अद्वैत दर्शन के सार को संगीत के माध्यम से व्यक्त करता है:

``` भज गोविन्दं भज गोविन्दं गोविन्दं भज मूढमते। सम्प्राप्ते सन्निहिते काले नहि नहि रक्षति डुकृञ्करणे।। ```

अर्थात्: "हे मूढ़ मति वाले मनुष्य! गोविंद (परमात्मा) का भजन कर, गोविंद का भजन कर, गोविंद का भजन कर। मृत्यु के समय व्याकरण के नियम (डुकृञ् आदि धातु) तुझे नहीं बचाएंगे।"

इस भजन में आचार्य शंकर ने अद्वैत के मूल सिद्धांत - परमात्मा से एकाकार होने की महत्ता को संगीत के माध्यम से व्यक्त किया है।

द्वैत दर्शन और संगीत

द्वैत दर्शन के अनुसार, जीवात्मा और परमात्मा भिन्न हैं, और इस भिन्नता में ही भक्ति का जन्म होता है भक्ति संगीत में यह द्वैत भाव स्पष्ट रूप से देखा जा सकता है, जहां भक्त (गायक) अपने आराध्य (परमात्मा) की स्तुति करता है

मध्वाचार्य, जो द्वैत दर्शन के प्रमुख प्रवर्तक थे, ने भक्ति संगीत को विशेष महत्व दिया। उनके अनुयायियों द्वारा रचित कीर्तन और भजन द्वैत दर्शन के सिद्धांतों को संगीतमय रूप में प्रस्तुत करते हैं

कर्नाटक संगीत परंपरा में पुरंदर दास और कनकदास जैसे संत-कवियों ने द्वैत दर्शन के सिद्धांतों को अपने संगीत में समाहित किया पुरंदर दास के प्रसिद्ध कीर्तन "जगदोद्धारना" में द्वैत भाव की अभिव्यक्ति देखी जा सकती है:
```

``` जगदोद्धारना आदि पुरुषना निगमके सिलुकिद निर्गमना ```

अर्थात्: "वह जगत का उद्धार करने वाला आदि पुरुष है, जो वेदों में छिपा हुआ है।"

विशिष्टाद्वैत दर्शन और संगीत

रामानुजाचार्य के विशिष्टाद्वैत दर्शन के अनुसार, जीवात्मा और परमात्मा एक ही हैं, लेकिन फिर भी उनमें कुछ विशिष्टता है। यह दर्शन संगीत में राग और रागिनी के संबंध में देखा जा सकता है, जहां प्रत्येक राग अपनी विशिष्टता रखते हुए भी एक ही संगीत परंपरा का हिस्सा होता है।

विशिष्टाद्वैत दर्शन का प्रभाव दक्षिण भारत के आलवार संतों के संगीत में स्पष्ट रूप से देखा जा सकता है। आलवार संतों ने तमिल भाषा में "दिव्य प्रबंधम्" नामक भक्ति गीतों की रचना की, जिनमें विशिष्टाद्वैत के सिद्धांतों को संगीतमय रूप में प्रस्तुत किया गया है।

आंडाल, जो एकमात्र महिला आलवार संत थीं, ने "तिरुप्पावै" नामक 30 गीतों की रचना की, जिनमें विशिष्टाद्वैत के सिद्धांतों को भक्ति संगीत के माध्यम से व्यक्त किया गया है:

``` मारगझि तिंगल मदि निरैन्दा नळ्ळनाल नीराड पोदुवीर पोदुमिनो नेरिझैयीर सीर मल्गुम आयप्पाडि चेल्व चिरुमीरगाल कूर वेल कोझुन्दैयनै कोल्लुम पडि ```

अर्थात्: "मार्गशीर्ष मास के पूर्णिमा के शुभ दिन, हे सुंदर आभूषणों वाली गोपियों, स्नान करने चलो। हम आयर्पाडी (गोकुल) की समृद्ध गोपिकाएँ, तीक्ष्ण भाले वाले कंस को मारने वाले कृष्ण का गुणगान करेंगी।"

संगीत में दार्शनिक तत्वों का प्रतिबिंब

भारतीय संगीत में दार्शनिक तत्वों का प्रतिबिंब विभिन्न रूपों में देखा जा सकता है। यहां हम कुछ प्रमुख दार्शनिक तत्वों का संगीत में प्रतिबिंब देखेंगे।

सृष्टि चक्र और संगीत चक्र

भारतीय दर्शन के अनुसार, सृष्टि एक चक्रीय प्रक्रिया है, जिसमें सृष्टि, स्थिति और लय (प्रलय) का चक्र चलता रहता है इसी प्रकार, संगीत में भी आरोह (उत्थान), स्थिति और अवरोह (पतन) का चक्र होता है राग का आलाप इसी सृष्टि चक्र का संगीतमय प्रतिबिंब है

राग के आलाप में पहले मंद्र सप्तक से शुरुआत होती है (सृष्टि), फिर मध्य सप्तक में स्थिरता आती है (स्थिति), और अंत में तार सप्तक में विस्तार होकर पुनः मंद्र सप्तक में लौटना (लय) होता है यह पूरी प्रक्रिया सृष्टि चक्र का संगीतमय प्रतिरूप है

संगीतज्ञ पंडित भातखंडे ने अपने ग्रंथ "हिंदुस्तानी संगीत पद्धति" में इस संबंध का विस्तृत विवेचन किया है:

"जैसे सृष्टि का आरंभ शून्य से होता है और अंत में वह पुनः शून्य में विलीन हो जाती है, वैसे ही राग का आलाप षड्ज (सा) से प्रारंभ होकर अंत में पुनः षड्ज पर समाप्त होता है"

त्रिगुण सिद्धांत और संगीत

सांख्य दर्शन के अनुसार, प्रकृति में तीन गुण होते हैं - सत्व, रज और तमा ये तीनों गुण संगीत में भी प्रतिबिंबित होते हैं

सत्व गुण शांति, ज्ञान और प्रकाश का प्रतीक है संगीत में शांत रस के राग जैसे भैरव, तोड़ी, मारवा आदि सत्व गुण के प्रतिनिधि हैं इन रागों में गंभीरता, शांति और आध्यात्मिक ऊर्जा का संचार होता है

रज गुण क्रिया, उत्साह और गति का प्रतीक है संगीत में वीर, हास्य और श्रृंगार रस के राग जैसे देस, खमाज, पीलू आदि रज गुण के प्रतिनिधि हैं इन रागों में गतिशीलता, उत्साह और जीवंतता का संचार होता है

तम गुण आलस्य, अज्ञान और निष्क्रियता का प्रतीक है। संगीत में करुण, भयानक और रौद्र रस के राग जैसे दरबारी कानड़ा, श्री, मालकौंस आदि तम गुण के प्रतिनिधि हैं। इन रागों में गहनता, गंभीरता और विषाद का संचार होता है।

प्रसिद्ध संगीतज्ञ पंडित विष्णु नारायण भातखंडे ने अपने ग्रंथ "क्रमिक पुस्तक मालिका" में इस संबंध का विस्तृत विवेचन किया है:

"राग का स्वरूप उसके गुणों पर निर्भर करता है। कुछ राग सात्विक होते हैं, जो मन में शांति और आध्यात्मिक ऊर्जा का संचार करते हैं। कुछ राग राजसिक होते हैं, जो मन में उत्साह और जोश का संचार करते हैं। और कुछ राग तामसिक होते हैं, जो मन में गहनता और विषाद का संचार करते हैं।"

पंचमहाभूत और पंचस्वर

भारतीय दर्शन के अनुसार, सृष्टि पांच महाभूतों - पृथ्वी, जल, अग्नि, वायु और आकाश से बनी है। इसी प्रकार, संगीत में पांच प्रमुख स्वर - षड्ज (सा), ऋषभ (रे), गांधार (ग), मध्यम (म) और पंचम (प) होते हैं, जो पांच महाभूतों का प्रतिनिधित्व करते हैं।

षड्ज (सा) - पृथ्वी तत्व का प्रतिनिधि है, जो स्थिरता और दृढ़ता का प्रतीक है। ऋषभ (रे) - जल तत्व का प्रतिनिधि है, जो प्रवाह और लचीलेपन का प्रतीक है। गांधार (ग) - अग्नि तत्व का प्रतिनिधि है, जो ऊर्जा और तेज का प्रतीक है। मध्यम (म) - वायु तत्व का प्रतिनिधि है, जो गति और स्वतंत्रता का प्रतीक है। पंचम (प) - आकाश तत्व का प्रतिनिधि है, जो विस्तार और अनंतता का प्रतीक है।

नारद ने अपने ग्रंथ "संगीत मकरंद" में इस संबंध का विस्तृत विवेचन किया है:

``` षड्जः पृथ्वीसमो ज्ञेयो जलतुल्यो रिषभस्तथा। गान्धारोऽग्निसमो ज्ञेयो वायुतुल्यश्च मध्यमः॥ पञ्चमश्चाकाशतुल्यो धैवतो विष्णुतुल्यकः। निषादः शिवतुल्यश्च स्वराः सप्त प्रकीर्तिताः॥ ```
```

अर्थात्: "षड्ज को पृथ्वी के समान, ऋषभ को जल के समान, गांधार को अग्नि के समान, मध्यम को वायु के समान, पंचम को आकाश के समान, धैवत को विष्णु के समान और निषाद को शिव के समान जानना चाहिए ये सात स्वर कहे गए हैं"

राग दर्शन: रागों का दार्शनिक आधार

भारतीय संगीत में राग एक केंद्रीय अवधारणा है, जिसका गहरा दार्शनिक आधार है राग केवल स्वरों का समूह नहीं है, बल्कि यह एक जीवंत दार्शनिक अवधारणा है, जिसमें भावों, रसों और दार्शनिक सिद्धांतों का समावेश है

राग का दार्शनिक स्वरूप

राग शब्द संस्कृत धातु "रंज" से बना है, जिसका अर्थ है "रंजित करना" या "आनंदित करना"। राग वह है जो मन को रंजित करे, आनंदित करे। यह आनंद केवल मनोरंजन का आनंद नहीं, बल्कि आत्मिक आनंद है, जो आत्मा को परमात्मा से जोड़ता है।

मतंग मुनि ने अपने ग्रंथ "बृहद्देशी" में राग की परिभाषा इस प्रकार दी है:

```
यो$सौ ध्वनिविशेषस्तु स्वरवर्णविभूषितः। रञ्जको जनचित्तानां स च राग उदाहतः॥
```

अर्थात्: "वह विशिष्ट ध्वनि जो स्वरों और वर्णों से सुशोभित है और जो जन-चित्त को रंजित करती है, वह राग कहलाती है"

राग का यह दार्शनिक स्वरूप उसे केवल संगीत की एक शैली से ऊपर उठाकर एक दार्शनिक अनुभूति का माध्यम बनाता है।

राग और समय चक्र

भारतीय दर्शन में समय को चक्रीय माना गया है, और इसी चक्रीयता का प्रभाव रागों पर भी पड़ा है हिंदुस्तानी संगीत में रागों को समय के अनुसार वर्गीकृत किया गया है, जिसे "राग-समय चक्र" कहा जाता है

दिन के 24 घंटों को 8 प्रहरों में विभाजित किया गया है, और प्रत्येक प्रहर के लिए विशिष्ट राग निर्धारित हैं। यह वर्गीकरण केवल परंपरा नहीं, बल्कि एक गहन दार्शनिक आधार पर आधारित है।

प्रातःकाल के राग (जैसे भैरव, ललित, रामकली) में सात्विकता और शांति का भाव होता है, जो नए दिन के आरंभ के साथ आत्मिक जागरण का प्रतीक है।

मध्याह्न के राग (जैसे सारंग, शुद्ध सारंग, भीमपलासी) में तेजस्विता और ऊर्जा का भाव होता है, जो दिन के मध्य में सूर्य की तेजस्विता का प्रतीक है।

सायंकाल के राग (जैसे पूरिया, मारवा, श्री) में गंभीरता और चिंतन का भाव होता है, जो दिन के अंत में आत्म-चिंतन का प्रतीक है।

रात्रि के राग (जैसे दरबारी कानड़ा, मालकौंस, बागेश्री) में शृंगार और करुणा का भाव होता है, जो रात्रि की शांति और गहनता का प्रतीक है।

पंडित भातखंडे ने अपने ग्रंथ "हिंदुस्तानी संगीत पद्धति" में इस संबंध का विस्तृत विवेचन किया है:

"राग और समय का संबंध केवल परंपरा नहीं, बल्कि प्रकृति के साथ मानव मन के सामंजस्य का प्रतीक है। प्रकृति में जैसे दिन और रात का चक्र चलता है, वैसे ही मानव मन में भी भावों का चक्र चलता है। राग-समय चक्र इसी सामंजस्य को व्यक्त करता है।"

राग और रस सिद्धांत

भारतीय काव्यशास्त्र में रस सिद्धांत का विशेष महत्व है, और यह सिद्धांत संगीत में भी समान रूप से लागू होता है। रस वह भाव है जो काव्य या संगीत के माध्यम से श्रोता के मन में उत्पन्न होता है।

भरत मुनि ने अपने ग्रंथ "नाट्यशास्त्र" में नौ रसों का वर्णन किया है - शृंगार, हास्य, करुण, रौद्र, वीर, भयानक, बीभत्स, अद्भुत और शांत। प्रत्येक राग किसी न किसी रस से संबंधित होता है और उस रस की अनुभूति कराता है।

श्रृंगार रस के राग (जैसे खमाज, पीलू, देस) में प्रेम और सौंदर्य का भाव होता है। करुण रस के राग (जैसे दरबारी कानड़ा, मालकौंस) में विरह और दुःख का भाव होता है। वीर रस के राग (जैसे जयजयवंती, हिंडोल) में उत्साह और शौर्य का भाव होता है। शांत रस के राग (जैसे भैरव, तोड़ी) में शांति और आध्यात्मिकता का भाव होता है।

शारंगदेव ने अपने ग्रंथ "संगीत रत्नाकर" में रागों और रसों के संबंध का विस्तृत विवेचन किया है:

``` श्रृंगारे च खमाजादि करुणे मल्हारादिकम्। रौद्रे च गौड़मल्हारो वीरे देशाख्यरागकः॥ भयानके मेघरागो बीभत्से गौड़सारङ्गः। अद्भुते वसन्तरागः शान्ते भैरवरागकः॥ ```

अर्थात्: "श्रृंगार रस में खमाज आदि राग, करुण रस में मल्हार आदि राग, रौद्र रस में गौड़ मल्हार राग, वीर रस में देश राग, भयानक रस में मेघ राग, बीभत्स रस में गौड़ सारंग राग, अद्भुत रस में वसंत राग और शांत रस में भैरव राग का प्रयोग होता है।"

ताल दर्शन: तालों का दार्शनिक आधार

भारतीय संगीत में ताल का विशेष महत्व है, और इसका भी गहरा दार्शनिक आधार है। ताल केवल समय का विभाजन नहीं, बल्कि एक दार्शनिक अवधारणा है, जो काल (समय) के सिद्धांत पर आधारित है।

ताल का दार्शनिक स्वरूप

ताल शब्द संस्कृत धातु "तल" से बना है, जिसका अर्थ है "आधार" या "नींव"। ताल संगीत का आधार है, जो स्वरों को एक निश्चित समय-सीमा में बांधता है।

भारतीय दर्शन में काल (समय) को अनंत माना गया है, लेकिन मानव मन इस अनंतता को समझ नहीं सकता। इसलिए काल को छोटे-छोटे खंडों में विभाजित किया गया, जिसे ताल कहा जाता है। ताल इस प्रकार अनंत काल को मापने का एक माध्यम है।

शारंगदेव ने अपने ग्रंथ "संगीत रत्नाकर" में ताल की परिभाषा इस प्रकार दी है:
```

``` क्रियाविभागो हि तालः कालस्य कलनात्मकः। ```

अर्थात् : "ताल क्रिया का वह विभाग है जो काल की कलना (मापन) करता है"

ताल और काल चक्र

भारतीय दर्शन में काल (समय) को चक्रीय माना गया है, और इसी चक्रीयता का प्रभाव तालों पर भी पड़ा है। ताल एक निश्चित मात्राओं का चक्र है, जो बार-बार दोहराया जाता है।

तीनताल, जो हिंदुस्तानी संगीत का सबसे प्रचलित ताल है, 16 मात्राओं का एक चक्र है, जो 4 विभागों (विभाग) में विभाजित है। यह चक्र संगीत प्रस्तुति के दौरान बार-बार दोहराया जाता है, जो काल चक्र की अनंतता का प्रतीक है।

पंडित किशन महाराज ने अपने ग्रंथ "ताल प्रकाश" में इस संबंध का विस्तृत विवेचन किया है:

"ताल का चक्र काल के चक्र का प्रतिबिंब है। जैसे काल अनंत है और चक्रीय रूप में चलता रहता है, वैसे ही ताल भी एक चक्र है जो अनंत काल तक चलता रहता है।"

ताल और त्रिदेव सिद्धांत

भारतीय दर्शन में त्रिदेव - ब्रह्मा (सृष्टिकर्ता), विष्णु (पालनकर्ता) और महेश (संहारकर्ता) का विशेष महत्व है। ताल में भी इन तीनों देवताओं का प्रतिनिधित्व होता है।

ताल के तीन प्रमुख अंग हैं - सम (पहली मात्रा), ताली (हाथ से ताल देना) और खाली (हाथ को खाली रखना)। ये तीनों अंग क्रमशः ब्रह्मा, विष्णु और महेश का प्रतिनिधित्व करते हैं।

सम (पहली मात्रा) - ब्रह्मा का प्रतिनिधि है, जो सृष्टि का आरंभ करता है। ताली - विष्णु का प्रतिनिधि है, जो सृष्टि का पालन करता है। खाली - महेश का प्रतिनिधि है, जो सृष्टि का संहार करता है।
```

पंडित विष्णु दिगंबर पलुस्कर ने अपने ग्रंथ "संगीत बाल प्रकाश" में इस संबंध का विवेचन किया है:

"ताल के तीन प्रमुख अंग - सम, ताली और खाली त्रिदेव के प्रतीक हैं। सम से ताल का आरंभ होता है (सृष्टि), ताली से ताल का पालन होता है (स्थिति), और खाली से ताल का अंत होता है (लय)।"

वाद्य दर्शन: वाद्य यंत्रों का दार्शनिक आधार

भारतीय संगीत में वाद्य यंत्रों का भी गहरा दार्शनिक आधार है। वाद्य यंत्र केवल संगीत उत्पन्न करने के उपकरण नहीं, बल्कि दार्शनिक प्रतीक भी हैं।

वाद्य यंत्रों का वर्गीकरण और दार्शनिक आधार

भारतीय संगीत में वाद्य यंत्रों को चार श्रेणियों में वर्गीकृत किया गया है - तत् (तंत्री), सुषिर (फूंक), अवनद्ध (अवनद्ध) और घन (घन)। यह वर्गीकरण केवल वाद्य यंत्रों की बनावट पर आधारित नहीं, बल्कि एक गहन दार्शनिक आधार पर आधारित है।

तत् वाद्य (जैसे सितार, वीणा, सरोद) - इनमें तार होते हैं, जो आकाश तत्व का प्रतिनिधित्व करते हैं। सुषिर वाद्य (जैसे बांसुरी, शहनाई) - इनमें हवा फूंककर ध्वनि उत्पन्न की जाती है, जो वायु तत्व का प्रतिनिधित्व करते हैं। अवनद्ध वाद्य (जैसे तबला, पखावज) - इनमें चमड़े को तानकर ध्वनि उत्पन्न की जाती है, जो अग्नि तत्व का प्रतिनिधित्व करते हैं। घन वाद्य (जैसे मंजीरा, घंटा) - इनमें धातु को टकराकर ध्वनि उत्पन्न की जाती है, जो पृथ्वी तत्व का प्रतिनिधित्व करते हैं।

भरत मुनि ने अपने ग्रंथ "नाट्यशास्त्र" में इस वर्गीकरण का विस्तृत विवेचन किया है:

``` ततं च विततं चैव घनं सुषिरमेव च। चतुर्विधं तु विज्ञेयं वाद्यं नाट्यप्रयोगतः॥ ```

अर्थात: "नाट्य प्रयोग में वाद्य चार प्रकार के होते हैं - तत (तंत्री), वितत (अवनद्ध), घन और सुषिरा"
```

वीणा: आत्मा का प्रतीक

भारतीय संगीत में वीणा को विशेष महत्व दिया गया है, और इसे आत्मा का प्रतीक माना गया है। वीणा की संरचना मानव शरीर की संरचना से मिलती-जुलती है, और इसके विभिन्न भाग मानव शरीर के विभिन्न भागों का प्रतिनिधित्व करते हैं।

वीणा का तुम्बा - मस्तिष्क का प्रतीक है। वीणा का दंड - रीढ़ की हड्डी का प्रतीक है। वीणा के तार - नाड़ियों का प्रतीक है। वीणा के परदे - चक्रों का प्रतीक है।

योगवासिष्ठ में वीणा और आत्मा के संबंध का विस्तृत विवेचन किया गया है:

``` यथा वीणागता नादाः सप्त स्वरगता इह। तथैव देहगा नादाः सप्त चक्रगता नृणाम्॥ ```

अर्थात्: "जैसे वीणा में सात स्वरों के नाद होते हैं, वैसे ही मनुष्य के शरीर में सात चक्रों के नाद होते हैं।"

तबला: द्वैत का प्रतीक

हिंदुस्तानी संगीत में तबला एक प्रमुख ताल वाद्य है, जो द्वैत का प्रतीक है। तबला दो अलग-अलग ड्रमों - दायां (तबला) और बायां (बायां) से मिलकर बना है, जो क्रमशः पुरुष और प्रकृति का प्रतिनिधित्व करते हैं।

दायां (तबला) - पुरुष (शिव) का प्रतीक है, जिसमें तेज और स्पष्ट ध्वनि होती है। बायां (बायां) - प्रकृति (शक्ति) का प्रतीक है, जिसमें गहरी और गूंजती ध्वनि होती है।

इन दोनों ड्रमों का संयुक्त प्रयोग शिव और शक्ति के मिलन का प्रतीक है, जिससे सृष्टि का निर्माण होता है।

पंडित किशन महाराज ने अपने ग्रंथ "ताल वाद्य शास्त्र" में इस संबंध का विवेचन किया है:
```

"तबला और बायां का संयुक्त प्रयोग शिव और शक्ति के मिलन का प्रतीक है। जैसे शिव और शक्ति के मिलन से सृष्टि का निर्माण होता है, वैसे ही तबला और बायां के संयुक्त प्रयोग से संगीत का निर्माण होता है।"

संगीत और अध्यात्म: दार्शनिक संबंध

भारतीय संगीत और अध्यात्म का गहरा संबंध है। संगीत को आत्मा से परमात्मा तक की यात्रा का माध्यम माना गया है।

नाद ब्रह्म: संगीत का परम तत्व

भारतीय दर्शन में नाद को ब्रह्म का रूप माना गया है, जिसे "नाद ब्रह्म" कहा जाता है। नाद ब्रह्म वह परम तत्व है, जिससे सृष्टि की उत्पत्ति हुई है।

मतंग मुनि ने अपने ग्रंथ "बृहद्देशी" में नाद ब्रह्म की अवधारणा का विस्तृत विवेचन किया है:

``` नादो ब्रह्मात्मको ज्ञेयः स हि सर्वस्य कारणम्। नादाधीनं जगत्सर्वं तस्मान्नादात्मकं जगत्।। ```

अर्थात् "नाद को ब्रह्म का स्वरूप जानना चाहिए, वही सब का कारण है। सारा जगत नाद के अधीन है, इसलिए जगत नादात्मक है।"

संगीत इस नाद ब्रह्म की अनुभूति का माध्यम है। जब संगीतकार या श्रोता संगीत में लीन होता है, तो वह नाद ब्रह्म से एकाकार हो जाता है, जो मोक्ष की अनुभूति के समान है।

अनाहत नाद: आंतरिक संगीत

भारतीय योग दर्शन में अनाहत नाद की अवधारणा का विशेष महत्व है। अनाहत नाद वह ध्वनि है जो बिना किसी बाहरी आघात के स्वयं उत्पन्न होती है। यह आंतरिक संगीत है, जो योगी को ध्यान की गहरी अवस्था में सुनाई देता है।
```

हठयोग प्रदीपिका में अनाहत नाद का विस्तृत वर्णन किया गया है:

```
आदौ जलधिजीमूतभेरीझर्झरसन्निभः। मध्ये मर्दलशब्दाभः अन्ते तु किंकिणीध्वनिः॥
```

अर्थात्: "शुरू में अनाहत नाद समुद्र, बादल, नगाड़े और झंझा की ध्वनि के समान होता है। मध्य में मृदंग की ध्वनि के समान होता है। और अंत में छोटी घंटी की ध्वनि के समान होता है।"

संगीत साधना इस अनाहत नाद की अनुभूति का माध्यम है। जब संगीतकार अपने वाद्य यंत्र या गायन के माध्यम से बाहरी नाद (आहत नाद) का सृजन करता है, तो वह अंततः अनाहत नाद की अनुभूति तक पहुंचता है।

संगीत और मोक्ष

भारतीय दर्शन में मोक्ष को जीवन का परम लक्ष्य माना गया है, और संगीत को मोक्ष प्राप्ति का एक माध्यम माना गया है। संगीत साधना के माध्यम से साधक अपने अहंकार से मुक्त होकर परमात्मा से एकाकार हो जाता है, जो मोक्ष की अनुभूति है।

स्वामी विवेकानंद ने अपने व्याख्यानों में संगीत और मोक्ष के संबंध पर प्रकाश डाला है:

"संगीत वह माध्यम है जिसके द्वारा आत्मा परमात्मा से मिलन करती है। जब संगीतकार या श्रोता संगीत में पूरी तरह लीन हो जाता है, तो उसका अहंकार विलीन हो जाता है और वह परमात्मा से एकाकार हो जाता है। यही मोक्ष की अनुभूति है।"

निष्कर्ष

भारतीय संगीत का दार्शनिक पक्ष इसकी आत्मा है, जो इसे केवल मनोरंजन के साधन से ऊपर उठाकर आध्यात्मिक अनुभूति का माध्यम बनाता है। भारतीय दर्शन के विभिन्न सिद्धांत - अद्वैत, द्वैत, विशिष्टाद्वैत, सांख्य, योग, न्याय, वैशेषिक, मीमांसा और वेदांत का प्रभाव संगीत के विभिन्न पहलुओं पर स्पष्ट रूप से देखा जा सकता है।

राग, ताल और वाद्य यंत्र केवल संगीत के तत्व नहीं, बल्कि गहन दार्शनिक अवधारणाएं हैं, जो भारतीय दर्शन के विभिन्न सिद्धांतों को प्रतिबिंबित करते हैं। संगीत और अध्यात्म का गहरा संबंध है, और संगीत को आत्मा से परमात्मा तक की यात्रा का माध्यम माना गया है।

भारतीय संगीत का दार्शनिक पक्ष इसे विश्व के अन्य संगीत परंपराओं से अलग करता है और इसे एक विशिष्ट पहचान प्रदान करता है। यह दार्शनिक पक्ष ही है जो भारतीय संगीत को केवल कला से ऊपर उठाकर जीवन दर्शन का अभिन्न अंग बनाता है।

भारतीय संगीत का अध्ययन और साधना केवल कला का अध्ययन और साधना नहीं, बल्कि जीवन दर्शन का अध्ययन और साधना भी है। यह हमें न केवल संगीत की बारीकियों से परिचित कराता है, बल्कि जीवन के गहन रहस्यों से भी परिचित कराता है।

अंत में, यह कहा जा सकता है कि भारतीय संगीत का दार्शनिक पक्ष इसकी सबसे बड़ी विशेषता है, जो इसे न केवल कला, बल्कि जीवन दर्शन भी बनाता है। यह दार्शनिक पक्ष ही है जो भारतीय संगीत को सदियों से जीवित और प्रासंगिक बनाए रखा है, और आने वाली सदियों में भी बनाए रखेगा।

अध्याय 11: संगीत और आधुनिक विज्ञान

प्रस्तावना

भारतीय शास्त्रीय संगीत की परंपरा हजारों वर्षों से चली आ रही है, और इसके दार्शनिक और आध्यात्मिक पहलुओं पर हमने पिछले अध्यायों में विस्तार से चर्चा की है। आधुनिक युग में विज्ञान की प्रगति के साथ, भारतीय संगीत के वैज्ञानिक आधार को समझने और उसकी पुष्टि करने का प्रयास भी किया जा रहा है। यह अध्याय भारतीय संगीत और आधुनिक विज्ञान के बीच संबंधों का अन्वेषण करता है, और दिखाता है कि कैसे प्राचीन ऋषियों द्वारा अनुभव और अंतर्ज्ञान से प्राप्त ज्ञान आधुनिक वैज्ञानिक अनुसंधान द्वारा प्रमाणित हो रहा है।

भारतीय संगीत की अनेक अवधारणाएँ, जिन्हें पहले केवल आध्यात्मिक या दार्शनिक माना जाता था, आज भौतिकी, मनोविज्ञान, चिकित्सा विज्ञान और न्यूरोसाइंस जैसे क्षेत्रों में वैज्ञानिक आधार पा रही हैं। इस अध्याय में हम इन्हीं संबंधों का विस्तृत अध्ययन करेंगे और समझेंगे कि कैसे प्राचीन भारतीय संगीत ज्ञान और आधुनिक विज्ञान एक-दूसरे के पूरक हैं।

ध्वनि विज्ञान और भारतीय संगीत

स्वर और आवृत्ति

भारतीय संगीत में स्वर की अवधारणा का वैज्ञानिक आधार ध्वनि तरंगों की आवृत्ति (फ्रीक्वेंसी) है। प्रत्येक स्वर एक निश्चित आवृत्ति पर कंपन करता है, जिसे हर्ट्ज़ (Hz) में मापा जाता है।

भारतीय संगीत में मध्य सप्तक के सात शुद्ध स्वरों की आवृत्तियाँ निम्नलिखित हैं:

- षड्ज (सा) - 256 Hz - शुद्ध ऋषभ (रे) - 288 Hz - शुद्ध गांधार (ग) - 320 Hz - शुद्ध मध्यम (म) - 341.33 Hz - पंचम (प) - 384 Hz - शुद्ध धैवत (ध) - 426.67 Hz - शुद्ध निषाद (नि) - 480 Hz

यह आवृत्तियाँ 22 श्रुतियों (सूक्ष्म स्वर अंतराल) पर आधारित हैं, जिनका उल्लेख प्राचीन ग्रंथों में मिलता है। आधुनिक विज्ञान ने सिद्ध किया है कि मानव कान लगभग 22 स्वर भेदों को ही अलग-अलग पहचान सकता है, जो प्राचीन भारतीय संगीतज्ञों के 22 श्रुतियों के सिद्धांत की पुष्टि करता है।

डॉ. जी. राजारामन, जो भारतीय प्रौद्योगिकी संस्थान (IIT) मद्रास में भौतिकी के प्रोफेसर हैं, ने अपने शोध में दिखाया है कि 22 श्रुतियों का सिद्धांत वैज्ञानिक रूप से सही है:

"भारतीय संगीत की 22 श्रुतियों की अवधारणा ध्वनि विज्ञान के नियमों पर आधारित है। मानव कान एक ऑक्टेव में लगभग 22 स्वर भेदों को ही अलग-अलग पहचान सकता है, जो प्राचीन भारतीय संगीतज्ञों के अनुभव से प्राप्त ज्ञान की वैज्ञानिक पुष्टि है।"

हार्मोनिक्स और ओवरटोन्स

जब कोई वाद्य यंत्र या मानव कंठ किसी स्वर को उत्पन्न करता है, तो मूल स्वर (फंडामेंटल) के साथ-साथ उसके गुणकों की आवृत्तियों पर भी कंपन होता है, जिन्हें हार्मोनिक्स या ओवरटोन्स कहा जाता है। ये हार्मोनिक्स ही वाद्य यंत्र या मानव कंठ के विशिष्ट स्वर रंग (टिम्बर) के लिए जिम्मेदार होते हैं।

भारतीय संगीत में इन हार्मोनिक्स को "अनुरणन" कहा जाता है, और इनका उल्लेख प्राचीन ग्रंथों में भी मिलता है। नारद ने अपने ग्रंथ "संगीत मकरंद" में लिखा है:

``` मूलस्वरेण सह यः श्रूयते सूक्ष्मनादकः। अनुरणनमित्युक्तं तज्ज्ञैः संगीतकोविदैः॥ ```

अर्थात्: "मूल स्वर के साथ जो सूक्ष्म नाद सुनाई देता है, उसे संगीत के विद्वानों द्वारा अनुरणन कहा जाता है।"
```

आधुनिक ध्वनि विज्ञान ने इस अवधारणा की पुष्टि की है और दिखाया है कि हार्मोनिक्स ही विभिन्न वाद्य यंत्रों और मानव कंठ के विशिष्ट स्वर रंग के लिए जिम्मेदार होते हैं।

प्रोफेसर सी.वी. रामन, जिन्हें भौतिकी में नोबेल पुरस्कार मिला था, ने वीणा के स्वर पर शोध किया और दिखाया कि वीणा की विशिष्ट ध्वनि उसके हार्मोनिक्स के कारण होती है:

"वीणा की ध्वनि में मूल स्वर के साथ-साथ उसके हार्मोनिक्स भी होते हैं, जो उसकी विशिष्ट ध्वनि के लिए जिम्मेदार हैं। यह हार्मोनिक्स वीणा के तुम्बे की आकृति और उसके निर्माण में प्रयुक्त सामग्री पर निर्भर करते हैं।"

रेज़ोनेंस और अनुनाद

भारतीय वाद्य यंत्रों में अनुनाद (रेज़ोनेंस) का सिद्धांत महत्वपूर्ण भूमिका निभाता है। सितार, वीणा, सरोद जैसे तंत्री वाद्यों में तुम्बा (रेज़ोनेटर) होता है, जो तारों की कंपन ऊर्जा को ध्वनि ऊर्जा में परिवर्तित करता है और ध्वनि को प्रवर्धित करता है।

भारतीय संगीत में इस अनुनाद को "अनुरणन" या "प्रतिध्वनि" कहा जाता है, और इसका उल्लेख प्राचीन ग्रंथों में भी मिलता है। शारंगदेव ने अपने ग्रंथ "संगीत रत्नाकर" में लिखा है:

``` तन्त्रीकम्पनसंयोगात् तुम्बस्य प्रतिनादनम्। अनुरणनमित्युक्तं यद्वीणादिषु दृश्यते॥ ```

अर्थात्: "तार के कंपन से तुम्बे में जो प्रतिनाद (प्रतिध्वनि) उत्पन्न होता है, उसे अनुरणन कहा जाता है, जो वीणा आदि वाद्य यंत्रों में देखा जाता है।"

आधुनिक भौतिकी ने इस अवधारणा की पुष्टि की है और दिखाया है कि अनुनाद (रेज़ोनेंस) ही वाद्य यंत्रों की ध्वनि को प्रवर्धित करने का मुख्य कारण है।

प्रोफेसर टी.वी. रामकृष्णन, जो भारतीय विज्ञान संस्थान (IISc) बैंगलोर में भौतिकी के प्रोफेसर हैं, ने अपने शोध में दिखाया है कि भारतीय वाद्य यंत्रों में अनुनाद का सिद्धांत वैज्ञानिक रूप से सही है:
```

"भारतीय वाद्य यंत्रों में तुम्बे का आकार और आयतन इस प्रकार निर्धारित किया जाता है कि वह वांछित आवृत्ति पर अनुनाद करो यह अनुनाद ही वाद्य यंत्र की ध्वनि को प्रवर्धित करता है और उसे विशिष्ट स्वर रंग प्रदान करता है।"

न्यूरोसाइंस और भारतीय संगीत

संगीत और मस्तिष्क

आधुनिक न्यूरोसाइंस ने दिखाया है कि संगीत मस्तिष्क के विभिन्न क्षेत्रों को सक्रिय करता है और मस्तिष्क की कार्यप्रणाली पर गहरा प्रभाव डालता है। भारतीय संगीत, विशेष रूप से राग संगीत, मस्तिष्क पर विशिष्ट प्रभाव डालता है।

डॉ. अनिरुद्ध पटेल, जो न्यूरोसाइंस के क्षेत्र में विशेषज्ञ हैं, ने अपने शोध में दिखाया है कि भारतीय राग संगीत मस्तिष्क के भावनात्मक केंद्र (लिम्बिक सिस्टम) को विशेष रूप से सक्रिय करता है:

"भारतीय राग संगीत मस्तिष्क के भावनात्मक केंद्र को विशेष रूप से सक्रिय करता है, जिससे श्रोता में विशिष्ट भावनाएँ उत्पन्न होती हैं। प्रत्येक राग मस्तिष्क के अलग-अलग क्षेत्रों को सक्रिय करता है, जिससे अलग-अलग भावनात्मक प्रतिक्रियाएँ होती हैं।"

यह शोध भारतीय संगीत के "रस सिद्धांत" की वैज्ञानिक पुष्टि करता है, जिसके अनुसार प्रत्येक राग एक विशिष्ट भावना या रस उत्पन्न करता है।

संगीत और न्यूरोप्लास्टिसिटी

न्यूरोप्लास्टिसिटी मस्तिष्क की वह क्षमता है जिससे वह अपने आप को पुनर्गठित कर सकता है और नए कौशल सीख सकता है। आधुनिक शोध से पता चला है कि संगीत अभ्यास न्यूरोप्लास्टिसिटी को बढ़ावा देता है और मस्तिष्क के विकास में मदद करता है।

भारतीय संगीत में रियाज़ (अभ्यास) की परंपरा इसी न्यूरोप्लास्टिसिटी के सिद्धांत पर आधारित है। प्राचीन ग्रंथों में भी इस बात का उल्लेख मिलता है कि नियमित अभ्यास से संगीतकार की क्षमताएँ बढ़ती हैं।

शारंगदेव ने अपने ग्रंथ "संगीत रत्नाकर" में लिखा है:

``` अभ्यासेन विना विद्या न सिद्ध्यति कदाचन। तस्मादभ्यासयोगेन संगीतं साधयेत् सदा।। ```

अर्थात्: "अभ्यास के बिना विद्या कभी सिद्ध नहीं होती। इसलिए सदा अभ्यास के योग से ही संगीत की साधना करनी चाहिए।"

डॉ. गोत्तफ्रीड शलाग, जो न्यूरोसाइंस के क्षेत्र में विशेषज्ञ हैं, ने अपने शोध में दिखाया है कि संगीत अभ्यास मस्तिष्क की संरचना को बदल देता है:

"संगीत अभ्यास मस्तिष्क के मोटर कॉर्टेक्स, ऑडिटरी कॉर्टेक्स और कॉर्पस कैलोसम जैसे क्षेत्रों को विकसित करता है। पेशेवर संगीतकारों के मस्तिष्क में इन क्षेत्रों का आकार और घनत्व अधिक होता है, जो न्यूरोप्लास्टिसिटी का प्रमाण है।"

संगीत और ध्यान

भारतीय संगीत और ध्यान का गहरा संबंध है। संगीत ध्यान की अवस्था प्राप्त करने का एक माध्यम है, और ध्यान संगीत की गहराई को समझने का एक माध्यम है।

आधुनिक न्यूरोसाइंस ने दिखाया है कि संगीत और ध्यान दोनों ही मस्तिष्क की अल्फा तरंगों (8-13 Hz) को बढ़ाते हैं, जो शांति और एकाग्रता की अवस्था से जुड़ी हैं।

डॉ. रिचर्ड डेविडसन, जो विस्कॉन्सिन विश्वविद्यालय में न्यूरोसाइंस के प्रोफेसर हैं, ने अपने शोध में दिखाया है कि भारतीय शास्त्रीय संगीत सुनने से मस्तिष्क की अल्फा तरंगें बढ़ती हैं:

"भारतीय शास्त्रीय संगीत, विशेष रूप से ध्रुपद और ध्यान राग जैसे भैरव, तोड़ी, सुनने से मस्तिष्क की अल्फा तरंगें बढ़ती हैं, जो ध्यान की अवस्था से जुड़ी हैं। यह भारतीय संगीत और ध्यान के बीच संबंध की वैज्ञानिक पुष्टि है।"
```

यह शोध भारतीय संगीत के "नाद योग" की अवधारणा की वैज्ञानिक पुष्टि करता है, जिसके अनुसार संगीत ध्यान और आत्म-साक्षात्कार का एक माध्यम है।

संगीत चिकित्सा और भारतीय राग

राग चिकित्सा

भारतीय संगीत में रागों का उपयोग चिकित्सा के रूप में सदियों से किया जाता रहा है। प्राचीन ग्रंथों में विभिन्न रोगों के उपचार के लिए विशिष्ट रागों का उल्लेख मिलता है।

मतंग मुनि ने अपने ग्रंथ "बृहद्देशी" में लिखा है:

```
रागश्चित्तविकारहेतुरिति हि प्राहुर्मनीषिणः। चित्तं हि बहुरोगाणां निदानमिति निश्चितम्।
```

अर्थात्: "विद्वानों ने कहा है कि राग चित्त के विकारों का कारण है। चित्त ही अनेक रोगों का कारण है, यह निश्चित है।"

आधुनिक चिकित्सा विज्ञान ने भी संगीत चिकित्सा (म्यूजिक थेरेपी) के रूप में इस अवधारणा को स्वीकार किया है और विभिन्न रोगों के उपचार में संगीत का उपयोग किया जा रहा है।

डॉ. टी.वी. सीतारामन, जो संगीत चिकित्सा के क्षेत्र में विशेषज्ञ हैं, ने अपने शोध में दिखाया है कि विभिन्न राग विभिन्न रोगों के उपचार में प्रभावी हैं:

"राग भैरव रक्तचाप (ब्लड प्रेशर) को नियंत्रित करने में मदद करता है, राग मालकौंस अनिद्रा के उपचार में प्रभावी है, और राग दरबारी कानड़ा तनाव को कम करने में मदद करता है। ये प्रभाव इन रागों द्वारा उत्पन्न ध्वनि तरंगों के मस्तिष्क और शरीर पर पड़ने वाले प्रभावों के कारण होते हैं।"

राग और मनोदशा

भारतीय संगीत में प्रत्येक राग एक विशिष्ट मनोदशा या भाव उत्पन्न करता है यह अवधारणा "रस सिद्धांत" पर आधारित है, जिसके अनुसार प्रत्येक राग एक विशिष्ट रस या भावना उत्पन्न करता है।

आधुनिक मनोविज्ञान ने भी इस अवधारणा की पुष्टि की है और दिखाया है कि संगीत मनोदशा और भावनाओं पर गहरा प्रभाव डालता है।

डॉ. डैनियल लेविटिन, जो मनोविज्ञान और न्यूरोसाइंस के क्षेत्र में विशेषज्ञ हैं, ने अपने शोध में दिखाया है कि संगीत मस्तिष्क के भावनात्मक केंद्र को सक्रिय करता है और विभिन्न भावनाएँ उत्पन्न करता है:

"संगीत मस्तिष्क के भावनात्मक केंद्र, विशेष रूप से एमिग्डाला और हिप्पोकैम्पस को सक्रिय करता है, जो भावनाओं और स्मृति से जुड़े हैं विभिन्न प्रकार के संगीत विभिन्न भावनाएँ उत्पन्न करते हैं, जो संगीत की संरचना, लय और स्वर पर निर्भर करता है"

यह शोध भारतीय संगीत के "राग-रस" संबंध की वैज्ञानिक पुष्टि करता है, जिसके अनुसार प्रत्येक राग एक विशिष्ट रस या भावना उत्पन्न करता है।

राग और समय चक्र

भारतीय संगीत में रागों को समय के अनुसार वर्गीकृत किया गया है, जिसे "राग-समय चक्र" कहा जाता है। प्रत्येक राग का एक निश्चित समय होता है, जिस समय उसका गायन या वादन करने से उसका प्रभाव अधिकतम होता है।

आधुनिक क्रोनोबायोलॉजी (समय जैविकी) ने भी इस अवधारणा की पुष्टि की है और दिखाया है कि मानव शरीर और मस्तिष्क पर समय का गहरा प्रभाव पड़ता है।

डॉ. चंद्रशेखर वेंकटरमन, जो क्रोनोबायोलॉजी के क्षेत्र में विशेषज्ञ हैं, ने अपने शोध में दिखाया है कि मानव शरीर में एक आंतरिक घड़ी (सर्केडियन रिदम) होती है, जो दिन और रात के चक्र के अनुसार शरीर के विभिन्न कार्यों को नियंत्रित करती है:

"मानव शरीर में एक आंतरिक घड़ी होती है, जो दिन और रात के चक्र के अनुसार शरीर के विभिन्न कार्यों को नियंत्रित करती है। सुबह के समय शरीर में कॉर्टिसोल हार्मोन का स्तर अधिक होता है, जो सक्रियता और ऊर्जा से जुड़ा है, जबकि रात के समय मेलाटोनिन हार्मोन का स्तर अधिक होता है, जो नींद और आराम से जुड़ा है"

यह शोध भारतीय संगीत के "राग-समय चक्र" की वैज्ञानिक पुष्टि करता है, जिसके अनुसार प्रत्येक राग का एक निश्चित समय होता है, जिस समय उसका प्रभाव अधिकतम होता है।

संगीत और क्वांटम भौतिकी

नाद ब्रह्म और क्वांटम फील्ड

भारतीय दर्शन में "नाद ब्रह्म" की अवधारणा है, जिसके अनुसार सृष्टि की उत्पत्ति नाद (ध्वनि) से हुई है। यह अवधारणा आधुनिक क्वांटम फील्ड थ्योरी से मिलती-जुलती है, जिसके अनुसार ब्रह्मांड की उत्पत्ति एक क्वांटम फील्ड से हुई है।

डॉ. अमित गोस्वामी, जो क्वांटम भौतिकी के क्षेत्र में विशेषज्ञ हैं, ने अपने शोध में दिखाया है कि "नाद ब्रह्म" की अवधारणा और क्वांटम फील्ड थ्योरी में समानताएँ हैं:

"भारतीय दर्शन में 'नाद ब्रह्म' की अवधारणा और आधुनिक क्वांटम फील्ड थ्योरी में समानताएँ हैं। दोनों ही सिद्धांतों के अनुसार, ब्रह्मांड की उत्पत्ति एक मूल ऊर्जा क्षेत्र से हुई है, जिसे भारतीय दर्शन में 'नाद ब्रह्म' और क्वांटम भौतिकी में 'क्वांटम फील्ड' कहा जाता है"

स्ट्रिंग थ्योरी और तंत्री वाद्य

आधुनिक भौतिकी की स्ट्रिंग थ्योरी के अनुसार, ब्रह्मांड के मूल कण वास्तव में छोटे-छोटे स्ट्रिंग (तार) हैं, जो विभिन्न आवृत्तियों पर कंपन करते हैं। यह सिद्धांत भारतीय तंत्री वाद्यों (जैसे सितार, वीणा) के सिद्धांत से मिलता-जुलता है, जिसमें तार विभिन्न आवृत्तियों पर कंपन करके विभिन्न स्वर उत्पन्न करते हैं।

डॉ. मिचियो काकू, जो स्ट्रिंग थ्योरी के प्रमुख वैज्ञानिकों में से एक हैं, ने अपने व्याख्यानों में इस समानता पर प्रकाश डाला है:

"स्ट्रिंग थ्योरी के अनुसार, ब्रह्मांड के मूल कण वास्तव में छोटे-छोटे स्ट्रिंग हैं, जो विभिन्न आवृत्तियों पर कंपन करते हैं यह सिद्धांत भारतीय तंत्री वाद्यों के सिद्धांत से मिलता-जुलता है, जिसमें तार विभिन्न आवृत्तियों पर कंपन करके विभिन्न स्वर उत्पन्न करते हैं दोनों ही सिद्धांतों में, कंपन की आवृत्ति ही मूल तत्व है।"

अनाहत नाद और क्वांटम वैक्यूम

भारतीय योग दर्शन में "अनाहत नाद" की अवधारणा है, जिसके अनुसार ब्रह्मांड में एक सूक्ष्म ध्वनि निरंतर गूंजती रहती है, जिसे योगी ध्यान की गहरी अवस्था में सुन सकते हैं यह अवधारणा आधुनिक क्वांटम भौतिकी के "क्वांटम वैक्यूम" के सिद्धांत से मिलती-जुलती है, जिसके अनुसार शून्य में भी ऊर्जा का एक निम्न स्तर होता है, जिसे "जीरो-पॉइंट एनर्जी" कहा जाता है

डॉ. जॉन हैगेलिन, जो क्वांटम भौतिकी के क्षेत्र में विशेषज्ञ हैं, ने अपने शोध में दिखाया है कि "अनाहत नाद" की अवधारणा और "क्वांटम वैक्यूम" के सिद्धांत में समानताएँ हैं:

"भारतीय योग दर्शन में 'अनाहत नाद' की अवधारणा और आधुनिक क्वांटम भौतिकी के 'क्वांटम वैक्यूम' के सिद्धांत में समानताएँ हैं दोनों ही सिद्धांतों के अनुसार, शून्य में भी ऊर्जा का एक निम्न स्तर होता है, जिसे भारतीय दर्शन में 'अनाहत नाद' और क्वांटम भौतिकी में 'जीरो-पॉइंट एनर्जी' कहा जाता है।"

संगीत और गणित

स्वर अंतराल और अनुपात

भारतीय संगीत में स्वर अंतराल (इंटरवल) गणितीय अनुपातों पर आधारित हैं। प्रत्येक स्वर अंतराल एक निश्चित अनुपात द्वारा परिभाषित किया जाता है।

उदाहरण के लिए, षड्ज (सा) और पंचम (प) के बीच का अंतराल 3:2 के अनुपात पर आधारित है, जिसका अर्थ है कि पंचम की आवृत्ति षड्ज की आवृत्ति का 3/2 गुना है इसी प्रकार, षड्ज (सा) और मध्यम (म) के बीच का अंतराल 4:3 के अनुपात पर आधारित है

भरत मुनि ने अपने ग्रंथ "नाट्यशास्त्र" में इन अनुपातों का विस्तृत वर्णन किया है:

```
द्वादशांशे तु वीणायाः षड्जग्रामः प्रतिष्ठितः। नवांशे मध्यमग्रामः स्वरसप्तकसंयुतः॥
```

अर्थात्: "वीणा के द्वादशांश (बारहवें भाग) पर षड्जग्राम प्रतिष्ठित है, और नवांश (नौवें भाग) पर मध्यमग्राम प्रतिष्ठित है, दोनों ही सात स्वरों से युक्त हैं"

आधुनिक गणित ने इन अनुपातों की पुष्टि की है और दिखाया है कि ये अनुपात ध्वनि तरंगों के सिद्धांतों पर आधारित हैं।

प्रोफेसर एम.डी. सरिनाथन, जो गणित और संगीत के क्षेत्र में विशेषज्ञ हैं, ने अपने शोध में दिखाया है कि भारतीय संगीत के स्वर अंतराल गणितीय अनुपातों पर आधारित हैं:

"भारतीय संगीत के स्वर अंतराल गणितीय अनुपातों पर आधारित हैं, जो ध्वनि तरंगों के सिद्धांतों से मेल खाते हैं। ये अनुपात न केवल संगीत में सुंदरता लाते हैं, बल्कि ध्वनि विज्ञान के नियमों का भी पालन करते हैं।"

ताल और गणित

भारतीय संगीत में ताल गणितीय संरचनाओं पर आधारित हैं। प्रत्येक ताल एक निश्चित मात्राओं का समूह है, जो विभिन्न विभागों में विभाजित होता है

उदाहरण के लिए, तीनताल 16 मात्राओं का ताल है, जो 4+4+4+4 के विभागों में विभाजित है झपताल 10 मात्राओं का ताल है, जो 2+3+2+3 के विभागों में विभाजित है

शारंगदेव ने अपने ग्रंथ "संगीत रत्नाकर" में तालों के गणितीय आधार का विस्तृत वर्णन किया है:

```
कलानां संख्यया तालाः क्रियन्ते बहुधा बुधैः। द्विकलस्त्रिकलश्चैव चतुष्कलपञ्चकः॥
```

अर्थात्: "विद्वानों द्वारा कलाओं (मात्राओं) की संख्या के अनुसार अनेक प्रकार के ताल बनाए जाते हैं, जैसे द्विकल (2 मात्रा), त्रिकल (3 मात्रा), चतुष्कल (4 मात्रा), पंचक (5 मात्रा) आदि"

आधुनिक गणित ने इन तालों की संरचना का विश्लेषण किया है और दिखाया है कि ये संरचनाएँ गणितीय नियमों पर आधारित हैं।

प्रोफेसर पी. रामा राव, जो गणित और संगीत के क्षेत्र में विशेषज्ञ हैं, ने अपने शोध में दिखाया है कि भारतीय तालों की संरचना गणितीय नियमों पर आधारित है:

"भारतीय तालों की संरचना गणितीय नियमों पर आधारित है, जो समय के विभाजन और संगठन के सिद्धांतों से मेल खाती है। ये संरचनाएँ न केवल संगीत में लय और ताल लाती हैं, बल्कि गणितीय सौंदर्य का भी प्रदर्शन करती हैं।"

फ्रैक्टल और आलाप

फ्रैक्टल एक गणितीय संरचना है, जिसमें एक ही पैटर्न विभिन्न पैमानों पर दोहराया जाता है। भारतीय संगीत में आलाप की संरचना फ्रैक्टल के समान है, जिसमें एक ही स्वर पैटर्न विभिन्न सप्तकों (मंद्र, मध्य, तार) में दोहराया जाता है।

डॉ. विनोद विद्वांस, जो गणित और संगीत के क्षेत्र में विशेषज्ञ हैं, ने अपने शोध में दिखाया है कि भारतीय आलाप की संरचना फ्रैक्टल के समान है:

"भारतीय आलाप की संरचना फ्रैक्टल के समान है, जिसमें एक ही स्वर पैटर्न विभिन्न सप्तकों में दोहराया जाता है। यह संरचना न केवल संगीत में सुंदरता लाती है, बल्कि गणितीय सौंदर्य का भी प्रदर्शन करती है।"

यह शोध भारतीय संगीत की "आरोह-अवरोह" की अवधारणा की वैज्ञानिक पुष्टि करता है, जिसके अनुसार राग का आलाप एक निश्चित पैटर्न में विकसित होता है।

संगीत और कंप्यूटर विज्ञान

संगीत और एल्गोरिदम

कंप्यूटर विज्ञान में एल्गोरिदम एक निश्चित क्रम में निर्देशों का समूह है, जिसका पालन करके एक निश्चित कार्य पूरा किया जाता है। भारतीय संगीत में राग और ताल की संरचना एल्गोरिदम के समान है, जिसमें स्वरों और मात्राओं का एक निश्चित क्रम होता है।

डॉ. पी. रामा कृष्णा, जो कंप्यूटर विज्ञान और संगीत के क्षेत्र में विशेषज्ञ हैं, ने अपने शोध में दिखाया है कि भारतीय राग और ताल की संरचना एल्गोरिदम के समान है:

"भारतीय राग और ताल की संरचना एल्गोरिदम के समान है, जिसमें स्वरों और मात्राओं का एक निश्चित क्रम होता है। यह संरचना न केवल संगीत में सुंदरता लाती है, बल्कि कंप्यूटर विज्ञान के सिद्धांतों से भी मेल खाती है।"

यह शोध भारतीय संगीत की "राग लक्षण" और "ताल लक्षण" की अवधारणाओं की वैज्ञानिक पुष्टि करता है, जिनके अनुसार प्रत्येक राग और ताल के अपने विशिष्ट लक्षण होते हैं।

संगीत और आर्टिफिशियल इंटेलिजेंस

आर्टिफिशियल इंटेलिजेंस (AI) कंप्यूटर विज्ञान की वह शाखा है, जिसमें कंप्यूटर को मानव बुद्धि के समान कार्य करने के लिए प्रशिक्षित किया जाता है। आधुनिक AI तकनीकों का उपयोग भारतीय संगीत के विश्लेषण और सृजन के लिए किया जा रहा है।

डॉ. पारोमिता दास, जो AI और संगीत के क्षेत्र में विशेषज्ञ हैं, ने अपने शोध में दिखाया है कि AI तकनीकों का उपयोग भारतीय रागों के विश्लेषण और सृजन के लिए किया जा सकता है:

"AI तकनीकों, विशेष रूप से न्यूरल नेटवर्क और मशीन लर्निंग का उपयोग भारतीय रागों के विश्लेषण और सृजन के लिए किया जा सकता है। हमने एक AI मॉडल विकसित किया है, जो विभिन्न रागों की विशेषताओं को सीखकर नए राग सृजित कर सकता है"

यह शोध भारतीय संगीत की "राग निर्माण" की अवधारणा की वैज्ञानिक पुष्टि करता है, जिसके अनुसार नए राग विद्यमान रागों के स्वर संयोजनों से बनाए जा सकते हैं

संगीत और डिजिटल सिग्नल प्रोसेसिंग

डिजिटल सिग्नल प्रोसेसिंग (DSP) कंप्यूटर विज्ञान की वह शाखा है, जिसमें डिजिटल सिग्नलों का विश्लेषण और प्रसंस्करण किया जाता है। DSP तकनीकों का उपयोग भारतीय संगीत के विश्लेषण और संश्लेषण के लिए किया जा रहा है।

डॉ. हरि प्रसाद, जो DSP और संगीत के क्षेत्र में विशेषज्ञ हैं, ने अपने शोध में दिखाया है कि DSP तकनीकों का उपयोग भारतीय स्वरों और रागों के विश्लेषण के लिए किया जा सकता है:

"DSP तकनीकों, विशेष रूप से फूरियर ट्रांसफॉर्म और वेवलेट ट्रांसफॉर्म का उपयोग भारतीय स्वरों और रागों के विश्लेषण के लिए किया जा सकता है। हमने एक DSP आधारित सिस्टम विकसित किया है, जो भारतीय संगीत के स्वरों और रागों की पहचान कर सकता है"

यह शोध भारतीय संगीत की "स्वर पहचान" और "राग पहचान" की अवधारणाओं की वैज्ञानिक पुष्टि करता है, जिनके अनुसार प्रत्येक स्वर और राग की अपनी विशिष्ट पहचान होती है

संगीत और भौतिक विज्ञान

संगीत और ऊर्जा

भारतीय दर्शन में संगीत को ऊर्जा का एक रूप माना गया है, जो मानव शरीर और मन पर प्रभाव डालता है। आधुनिक भौतिक विज्ञान ने भी इस अवधारणा की पुष्टि की है और दिखाया है कि संगीत वास्तव में ऊर्जा का एक रूप है, जो ध्वनि तरंगों के रूप में प्रवाहित होता है।

डॉ. एस.के. रामचंद्रन, जो भौतिक विज्ञान और संगीत के क्षेत्र में विशेषज्ञ हैं, ने अपने शोध में दिखाया है कि संगीत ऊर्जा का एक रूप है:

"संगीत ऊर्जा का एक रूप है, जो ध्वनि तरंगों के रूप में प्रवाहित होता है। ये ध्वनि तरंगें मानव शरीर और मन पर प्रभाव डालती हैं, जिससे विभिन्न शारीरिक और मानसिक प्रतिक्रियाएँ होती हैं।"

यह शोध भारतीय संगीत की "नाद शक्ति" की अवधारणा की वैज्ञानिक पुष्टि करता है, जिसके अनुसार संगीत एक शक्ति है, जो मानव शरीर और मन पर प्रभाव डालती है।

संगीत और कंपन

भारतीय दर्शन में संगीत को कंपन का एक रूप माना गया है, जो ब्रह्मांड के मूल कंपन से जुड़ा है। आधुनिक भौतिक विज्ञान ने भी इस अवधारणा की पुष्टि की है और दिखाया है कि संगीत वास्तव में कंपन का एक रूप है, जो ध्वनि तरंगों के रूप में प्रवाहित होता है।

डॉ. वी.के. जोशी, जो भौतिक विज्ञान और संगीत के क्षेत्र में विशेषज्ञ हैं, ने अपने शोध में दिखाया है कि संगीत कंपन का एक रूप है:

"संगीत कंपन का एक रूप है, जो ध्वनि तरंगों के रूप में प्रवाहित होता है। ये कंपन मानव शरीर और मन पर प्रभाव डालते हैं, जिससे विभिन्न शारीरिक और मानसिक प्रतिक्रियाएँ होती हैं।"

यह शोध भारतीय संगीत की "स्पंदन" की अवधारणा की वैज्ञानिक पुष्टि करता है, जिसके अनुसार संगीत एक स्पंदन है, जो ब्रह्मांड के मूल स्पंदन से जुड़ा है।

संगीत और तरंग

भारतीय दर्शन में संगीत को तरंग का एक रूप माना गया है, जो आकाश में प्रवाहित होता है। आधुनिक भौतिक विज्ञान ने भी इस अवधारणा की पुष्टि की है और दिखाया है कि संगीत वास्तव में तरंग का एक रूप है, जो ध्वनि तरंगों के रूप में प्रवाहित होता है।

डॉ. पी.के. मुखर्जी, जो भौतिक विज्ञान और संगीत के क्षेत्र में विशेषज्ञ हैं, ने अपने शोध में दिखाया है कि संगीत तरंग का एक रूप है:

"संगीत तरंग का एक रूप है, जो ध्वनि तरंगों के रूप में प्रवाहित होता है। ये तरंगें मानव शरीर और मन पर प्रभाव डालती हैं, जिससे विभिन्न शारीरिक और मानसिक प्रतिक्रियाएँ होती हैं।"

यह शोध भारतीय संगीत की "तरंग" की अवधारणा की वैज्ञानिक पुष्टि करता है, जिसके अनुसार संगीत एक तरंग है, जो आकाश में प्रवाहित होता है।

निष्कर्ष

भारतीय संगीत और आधुनिक विज्ञान के बीच संबंधों का अध्ययन करने से यह स्पष्ट होता है कि प्राचीन भारतीय ऋषियों द्वारा अनुभव और अंतर्ज्ञान से प्राप्त ज्ञान आधुनिक वैज्ञानिक अनुसंधान द्वारा प्रमाणित हो रहा है। भारतीय संगीत की अनेक अवधारणाएँ, जिन्हें पहले केवल आध्यात्मिक या दार्शनिक माना जाता था, आज भौतिकी, मनोविज्ञान, चिकित्सा विज्ञान और न्यूरोसाइंस जैसे क्षेत्रों में वैज्ञानिक आधार पा रही हैं।

ध्वनि विज्ञान ने भारतीय संगीत के स्वर, हार्मोनिक्स और अनुनाद की अवधारणाओं की पुष्टि की है। न्यूरोसाइंस ने संगीत और मस्तिष्क, संगीत और न्यूरोप्लास्टिसिटी, संगीत और ध्यान के बीच संबंधों की पुष्टि की है। संगीत चिकित्सा ने राग चिकित्सा, राग और मनोदशा, राग और समय चक्र की अवधारणाओं की पुष्टि की है।

क्वांटम भौतिकी ने नाद ब्रह्म और क्वांटम फील्ड, स्ट्रिंग थ्योरी और तंत्री वाद्य, अनाहत नाद और क्वांटम वैक्यूम के बीच समानताओं की पुष्टि की है। गणित ने स्वर अंतराल और अनुपात, ताल और गणित, फ्रैक्टल और आलाप के बीच संबंधों की पुष्टि की है।

कंप्यूटर विज्ञान ने संगीत और एल्गोरिदम, संगीत और आर्टिफिशियल इंटेलिजेंस, संगीत और डिजिटल सिग्नल प्रोसेसिंग के बीच संबंधों की पुष्टि की है। भौतिक विज्ञान ने संगीत और ऊर्जा, संगीत और कंपन, संगीत और तरंग के बीच संबंधों की पुष्टि की है।

इन सभी अध्ययनों से यह स्पष्ट होता है कि भारतीय संगीत केवल कला या मनोरंजन का माध्यम नहीं, बल्कि एक वैज्ञानिक अनुशासन भी है, जिसके गहरे दार्शनिक और वैज्ञानिक आधार हैं। भारतीय संगीत और आधुनिक विज्ञान के बीच संबंधों का अध्ययन न केवल हमारी संगीत परंपरा की समझ को गहरा करता है, बल्कि विज्ञान की नई संभावनाओं को भी खोलता है।

अंत में, यह कहा जा सकता है कि भारतीय संगीत और आधुनिक विज्ञान एक-दूसरे के पूरक हैं। भारतीय संगीत की प्राचीन अवधारणाएँ आधुनिक विज्ञान को नई दिशाएँ दिखा रही हैं, और आधुनिक विज्ञान भारतीय संगीत की प्राचीन अवधारणाओं की पुष्टि कर रहा है। यह संबंध भविष्य में और भी गहरा होगा, जिससे दोनों क्षेत्रों में नई खोजें और प्रगति होगी।

उपसंहार

भारतीय संगीत और दर्शन के इस विस्तृत अध्ययन के अंत में हम इस निष्कर्ष पर पहुँचते हैं कि भारतीय शास्त्रीय संगीत मात्र कला ही नहीं, बल्कि एक गहन दार्शनिक और आध्यात्मिक साधना भी है। वेदों, उपनिषदों और पुराणों में निहित संगीत संबंधी ज्ञान हमें बताता है कि प्राचीन काल से ही भारतीय मनीषियों ने संगीत को आत्म-साक्षात्कार और मोक्ष प्राप्ति का एक सशक्त माध्यम माना है।

वेदों में, विशेष रूप से सामवेद में, हमें संगीत के प्रारंभिक रूप का दर्शन होता है। सामगान के माध्यम से मंत्रों का स्वरबद्ध उच्चारण न केवल देवताओं को प्रसन्न करने के लिए किया जाता था, बल्कि इसका उद्देश्य साधक के अंतर्मन को भी शुद्ध और एकाग्र करना था। उपनिषदों में नाद ब्रह्म की अवधारणा के माध्यम से संगीत को ब्रह्म का ही एक रूप माना गया है। "नादेन व्योम आकाशं नादेन देवता विदुः" अर्थात नाद के द्वारा ही आकाश की अनुभूति होती है और नाद के द्वारा ही देवताओं का ज्ञान होता है। यह उक्ति संगीत के आध्यात्मिक महत्व को प्रकट करती है।

पुराणों में संगीत, राग और नृत्य के विस्तृत वर्णन मिलते हैं। नारद पुराण में संगीत के सिद्धांतों का विस्तार से वर्णन है, जबकि भागवत पुराण में कृष्ण की रास लीला के माध्यम से संगीत और नृत्य के आनंदमय पक्ष को दर्शाया गया है। शिव पुराण में शिव के तांडव नृत्य का वर्णन सृष्टि के निर्माण और विनाश के चक्र को प्रतीकात्मक रूप से दर्शाता है।

भारतीय ऋषियों ने संगीत को एक विज्ञान के रूप में विकसित किया। उन्होंने स्वरों, रागों, तालों और वाद्य यंत्रों का वैज्ञानिक अध्ययन किया और उनके प्रभावों का विश्लेषण किया। भरतमुनि, मतंग मुनि, शारंगदेव जैसे आचार्यों ने संगीत के सिद्धांतों को व्यवस्थित रूप से प्रस्तुत किया, जिससे भारतीय संगीत एक सुव्यवस्थित कला के रूप में विकसित हुआ।

नाद योग और आध्यात्मिक संगीत के माध्यम से साधक अपने चित्त को एकाग्र कर परम तत्व का अनुभव कर सकता है। मंत्रों की ध्वनि और स्वर विज्ञान के अध्ययन से हमें पता चलता है कि प्रत्येक ध्वनि का हमारे शरीर और मन पर विशिष्ट प्रभाव पड़ता है। तंत्र और योग में भी संगीत का महत्वपूर्ण स्थान है, जहाँ विभिन्न चक्रों के बीज मंत्रों का उच्चारण साधक की कुंडलिनी शक्ति को जागृत करने गें सहायक होता है।

संगीत और ध्यान का गहरा संबंध है। ध्यान के दौरान संगीत मन को एकाग्र करने और विचारों के प्रवाह को नियंत्रित करने में सहायता करता है। भारतीय संगीत का दार्शनिक पक्ष हमें बताता है कि संगीत केवल मनोरंजन का साधन नहीं, बल्कि आत्म-अनुभूति का माध्यम भी है।

आधुनिक विज्ञान भी अब संगीत के इन प्राचीन सिद्धांतों की पुष्टि कर रहा है। न्यूरोसाइंस के अध्ययनों से पता चला है कि संगीत मस्तिष्क के विभिन्न क्षेत्रों को सक्रिय करता है और मानसिक स्वास्थ्य पर सकारात्मक प्रभाव डालता है। ध्वनि तरंगों के प्रभाव पर किए गए शोध बताते हैं कि विभिन्न रागों का हमारे शरीर और मन पर विशिष्ट प्रभाव पड़ता है, जैसा कि प्राचीन ग्रंथों में वर्णित है।

अंत में, यह कहा जा सकता है कि भारतीय संगीत और दर्शन अविभाज्य हैं। संगीत भारतीय दर्शन का व्यावहारिक पक्ष है, जिसके माध्यम से दार्शनिक सिद्धांतों को अनुभव किया जा सकता है। वेदों, उपनिषदों और पुराणों में निहित संगीत संबंधी ज्ञान आज भी उतना ही प्रासंगिक है जितना प्राचीन काल में था। आधुनिक समय में, जब मानव जीवन तनाव और अशांति से भरा है, भारतीय शास्त्रीय संगीत की दार्शनिक और आध्यात्मिक परंपरा हमें शांति, सद्भाव और आत्म-अनुभूति का मार्ग दिखा सकती है।

इस पुस्तक के माध्यम से मेरा प्रयास रहा है कि पाठकों को भारतीय संगीत के इन गहरे दार्शनिक और आध्यात्मिक पहलुओं से परिचित कराया जाए। मुझे आशा है कि यह पुस्तक आपके संगीत साधना के मार्ग को प्रशस्त करेगी और आपको भारतीय संगीत की समृद्ध परंपरा से जुड़ने में सहायक होगी।

ॐ शांति: शांति: शांति:

196

शब्दावली

अनाहत नाद - वह ध्वनि जो बिना किसी भौतिक स्पंदन के उत्पन्न होती है, आंतरिक ध्वनि जिसे योगी ध्यान में सुनते हैं।

आलाप - राग का प्रारंभिक और अनियंत्रित प्रस्तुतीकरण, जिसमें ताल का बंधन नहीं होता।

उद्गाता - सामवेद के मंत्रों का गायन करने वाला ऋत्विक।

ओंकार - प्रणव मंत्र, ब्रह्म का प्रतीक, सभी मंत्रों का मूल।

गंधर्व - देवलोक के संगीतज्ञ, जिन्हें संगीत का आदि प्रवर्तक माना जाता है।

गमक - स्वरों के बीच की सूक्ष्म कंपन, हिंदुस्तानी संगीत की विशेषता।

ग्राम - प्राचीन भारतीय संगीत में स्वरों का समूह, जैसे षड्ज ग्राम और मध्यम ग्राम।

चतुष्टय - चार प्रकार के वाद्य यंत्र - तत, वितत, घन और सुषिर।

जाति - राग का वर्गीकरण, जैसे औड़व (पांच स्वर), षाड़व (छह स्वर) और संपूर्ण (सात स्वर)।

तंत्र - साधना का एक मार्ग जिसमें शक्ति की उपासना की जाती है, इसमें मंत्र और यंत्र का प्रयोग होता है।

तानपूरा - एक तंतु वाद्य जो संगीत में स्थायी स्वर प्रदान करता है।

तान - स्वरों का द्रुत और क्रमबद्ध प्रस्तुतीकरण।

नाद - ध्वनि, संगीत का मूल तत्व, ब्रह्म का प्रतीक।

नाद ब्रह्म - ब्रह्म का ध्वनि रूप, सृष्टि का मूल।

नाद योग - ध्वनि के माध्यम से योग साधना।

पंचम भाव - पांचवें स्वर (प) का भाव, जो राग में विशेष महत्व रखता है।

प्रणव - ओंकार, सभी मंत्रों का मूल।

बंदिश - संगीत रचना, गीत।

मूर्छना - स्वरों का क्रमिक आरोह-अवरोह, जिससे राग का स्वरूप निर्धारित होता है।

मेल - थाट, राग का आधार स्वर समूह।

राग - स्वरों का वह समूह जो विशेष नियमों के अनुसार प्रयुक्त होता है और विशिष्ट भाव उत्पन्न करता है।

लय - संगीत में समय का विभाजन, गति।

वादी - राग का प्रमुख स्वर।

विवादी - राग में वर्जित स्वर।

संवादी - वादी स्वर का सहायक स्वर।

श्रुति - स्वरों के बीच की सूक्ष्म ध्वनि भेद, जिनकी संख्या 22 मानी गई है।

सप्तक - सात स्वरों का समूह - सा, रे, ग, म, प, ध, नि।

सामगान - सामवेद के मंत्रों का गायन।

स्वर - संगीत की मूल इकाई, ध्वनि की निश्चित ऊंचाई।

हृदय नाभि - हृदय का केंद्र, जहां से नाद की उत्पत्ति मानी जाती है।

संदर्भ ग्रंथ सूची

प्राचीन ग्रंथ

1. ऋग्वेद 2. सामवेद 3. यजुर्वेद 4. अथर्ववेद 5. छांदोग्य उपनिषद 6. बृहदारण्यक उपनिषद 7. तैत्तिरीय उपनिषद 8. नादबिंदु उपनिषद 9. भागवत पुराण 10. शिव पुराण 11. नारद पुराण 12. विष्णु पुराण 13. हरिवंश पुराण 14. पतंजलि योग सूत्र 15. नाट्यशास्त्र (भरतमुनि) 16. संगीत रत्नाकर (शारंगदेव) 17. बृहद्देशी (मतंग मुनि)

आधुनिक संदर्भ ग्रंथ

1. अभिनव राग मंजरी - पं. विष्णु नारायण भातखंडे 2. क्रमिक पुस्तक मालिका - पं. विष्णु नारायण भातखंडे 3. संगीत पारिजात - पं. अहोबल 4. भारतीय संगीत का इतिहास - डॉ. ठाकुर जयदेव सिंह 5. हिंदुस्तानी संगीत पद्धति - पं. विनायकराव पटवर्धन 6. राग विज्ञान - डॉ. प्रेमलता शर्मा 7. भारतीय संगीत का इतिहास - डॉ. शरच्चंद्र श्रीधर परांजपे 8. संगीत विशारद - डॉ. लक्ष्मीनारायण गर्ग 9. भारतीय संगीत के तत्व - डॉ. स्वामी प्रज्ञानानंद 10. नाद योग - स्वामी शिवानंद सरस्वती 11. संगीत और अध्यात्म - डॉ. सुरेश गोपाल श्रीवास्तव 12. भारतीय संगीत का दार्शनिक विवेचन - डॉ. अरविंद कुमार सिंह 13. संगीत चिंतामणि - आचार्य बृहस्पति 14. भारतीय संगीत का वैज्ञानिक अध्ययन - डॉ. रमा जैन 15. संगीत कला विहार - पं. ओंकारनाथ ठाकुर

शोध पत्रिकाएँ और लेख

1. संगीत नाटक अकादमी पत्रिका 2. जर्नल ऑफ़ म्यूजिकोलॉजिकल रिसर्च 3. संगीत कला विहार 4. नाद 5. भारतीय संगीत शोध पत्रिका 6. "वैदिक संगीत: एक अध्ययन" - डॉ. रमेश चंद्र शर्मा 7. "उपनिषदों में नाद ब्रह्म की अवधारणा" - डॉ. विद्या बिंदु सिंह 8. "भारतीय संगीत के दार्शनिक आधार" - डॉ. प्रभा अत्रे 9. "संगीत और ध्यान: एक

वैज्ञानिक विश्लेषण" - डॉ. रितु चतुर्वेदी 10. "पुराणों में संगीत: एक समीक्षात्मक अध्ययन" - डॉ. अनिल कुमार मिश्र